JN312088

臨床心理学
レクチャー

臨床心理アセスメント入門
―― 臨床心理学は，どのように問題を把握するのか

下山晴彦　著

Ψ 金剛出版

はじめに

　本書は，臨床心理学の活動におけるアセスメントの役割と，そのための基本的な考え方を解説するものです。臨床心理学は，進歩しています。それにともなって臨床心理学におけるアセスメントの位置づけも変わってきています。本書は，そのような臨床心理学における最先端のアセスメントの考え方と方法を解説するものです。

　かつては，投影法などの心理テストや検査を実施することがアセスメントであるとみなされていました。あるいは，病態水準なるものを評価し，自らが依拠する学派の心理療法を適用できるのかを判断するのがアセスメントであるとみなされていたこともありました。しかし，このようなアセスメントの概念は，ある特定の心理療法の内でしか通用しない狭い考え方です。それに対して近年の臨床心理アセスメントは，心理的次元を超えて，生物－心理－社会モデルに基づき，生物的次元や社会的次元を含んだ総合的なアセスメントとなっています。

　その一方で，生物的次元を強調するあまり，DSMなどの医学的診断基準に基づいて心理的問題を分類することをアセスメントと同義とみなす傾向も出てきています。このようなアセスメント概念は，精神医学が心理的次元や社会的次元にまで領域を拡張する動きに取り込まれることであり，逆に臨床心理学が独自性を失い，精神医学の内に埋没していく危険性を孕むものです。このような精神医学の越境に対して，近年の臨床心理学は，精神医学の診断分類を超えて問題の心理学的な意味を見出していくケース・フォーミュレーションという，独自のアセスメント方法を開発してきています。

　本書は，このような臨床心理学の最新知見に基づき，臨床心理アセスメントの進め方を全23回の講義シリーズを通して解説したものです。序章と終章を含めて全9章から構成されています。

　序章では，「臨床心理アセスメントとは何だろうか」と題して，読者の皆さんに本講義シリーズのテーマについてのリサーチクエスチョンと，臨床心理アセスメントのアウトラインを提示します。

　次に第1章で「問題意識」と題して，日本の臨床心理学の課題を明らか

にし，本講義シリーズが目指すところを示します。第2章では「医学的診断を超えて」と題して，精神障害をはじめとする障害を臨床心理アセスメントに統合的に組み入れていく枠組みを解説します。ここでは，生物－心理－社会モデルを前提とすることで，精神医学の診断分類を超える臨床心理学のアセスメントの意義を明確にしていきます。

第3章では，「問題のメカニズムを探る」と題して，アセスメントの対象となっている問題の成り立ちを明らかにしていくための基本的枠組みを提示します。第4章では，「アセスメントを意味あるものにする」と題して，対象となっている問題が現実のコンテクストにおいてもつ意味を明らかにする機能分析の方法を解説します。ここにおいて，精神医学の診断とは異なる，臨床心理アセスメント独自の意義と方法が明らかとなります。

さらに第5章では「介入の方針を定める」と題して，明らかにした問題のメカニズムに基づいて介入の方針を決めていくケース・フォーミュレーションの方法を具体的に紹介し，臨床心理アセスメント全体の進め方を解説します。第6章では「初回面接（1）」，第7章では「初回面接（2）」と題して，初回面接において臨床心理アセスメントを実践するための面接の具体的手続きを解説します。

そして，最後の終章では，「改めて臨床心理アセスメントを考える」と題して，本講義シリーズで解説した内容を復習して講義を終わります。

このように本書は，臨床心理学の活動におけるアセスメントの進め方を，最新の知見も交えて解説するものです。読者の皆さんは，本書の解説を通じて，総合的に心理的問題を把握するための枠組みを理解することができます。それは，臨床心理学，さらにはメンタルヘルスの活動全体における臨床心理アセスメントの意義と役割を知ることにつながります。

臨床心理アセスメント入門　目次

はじめに　3

序章　臨床心理アセスメントとは何だろうか

第1回講義　臨床心理アセスメント事始め　13

1　はじめに　13
2　事例　カナさん　13
3　臨床心理アセスメントの問題理解　15
4　本講義のアウトライン　16
5　おわりに　18

第1章　問題意識

第2回講義　今，なぜアセスメントなのか　21

1　はじめに　21
2　臨床心理学の現在：私的活動から社会的専門活動へ　22
3　おわりに　28

第3回講義　日本の臨床心理学をアセスメントする　30

1　はじめに　30
2　臨床心理学，カウンセリング，心理療法は，どう違うのか　30
3　なぜ，日本ではアセスメントの発展が止まったのか　32
4　日本の臨床心理学を外部評価する　34
5　臨床心理アセスメントは，心理学の研究過程である　36
6　おわりに　37

第4回講義　臨床心理アセスメントは何を目指すのか　39

1　はじめに　39
2　事例　ミズキさん　39

3　心理的問題とは何だろうか　41
4　おわりに　47

第2章　医学的診断を超えて

第5回講義　何を問題とするのか　51

1　はじめに　51
2　臨床心理アセスメントの独自性を生かす　51
3　クライエントとの協働作業としてのアセスメント　56
4　おわりに　63

第6回講義　障害を問題理解に組み入れる　66

1　はじめに　66
2　事例　アキラ君　67
3　障害を特定する　69
4　おわりに　73

第7回講義　生活の観点から問題を統合的に理解する　74

1　はじめに　74
2　事例　ヤスオさん　75
3　3つの障害レベルによる問題理解　76
4　バリアフリーの発想による障害理解　78
5　おわりに　80

第3章　問題のメカニズムを探る

第8回講義　問題を維持しているメカニズムを探る　85

1　はじめに　85
2　事例　タカシさん　85
3　問題に関する仮説を生成する　87
4　生物―心理―社会モデルとパニック発作　89
5　包括的な仮説を生成する　92
6　おわりに　95

第9回講義　行動に注目して問題を包括的に理解する　97

1　はじめに　97
2　問題の成り立ちを探る　97
3　事例　スミコさん　98
4　問題状況の複雑性　100
5　生物―心理―社会モデルを活用する　102
6　おわりに　105

第10回講義　問題の成り立ちを明らかにして介入する　106

1　はじめに　106
2　事例：スミコさん（続）（臨床心理士による聞き取り）　106
3　問題の成り立ち（メカニズム）を把握する　107
4　問題の成り立ちに基づいて介入の方針を決める　110
5　おわりに　112

第4章　アセスメントを意味あるものにする

第11回講義　問題の意味を探る　117

1　問題の"意味"を探る　117
2　事例　チカさん　117
3　問題行動の意味　119
4　問題行動の"機能"に注目する　121
5　おわりに　123

第12回講義　機能分析の方法　125

1　はじめに　125
2　行動から機能へ　126
3　機能分析を活用する　127
4　おわりに　132

第13回講義　問題のメカニズムを明らかにする　133

1　はじめに　133
2　事例　カナさん　134
3　機能分析の進め方　135
4　おわりに　140

第5章　介入の方針を定める

第14回講義　ケース・フォーミュレーション　145

1　はじめに　145
2　第1段階：クライエントが問題と介入目標をどのように考えているのかを知る　146
3　第2段階：機能分析を用いて標的となる問題のメカニズムに関する仮説を生成する　146
4　第3段階：問題をフォーミュレーションする　149
5　第4段階：問題のフォーミュレーションに基づいて介入する　150
6　第5段階：介入効果を評価する　151
7　おわりに　151

第15回講義　ケース・フォーミュレーションの実際　153

1　はじめに　153
2　事例　ユタカ君　153
3　介入方法を選択する　154
4　おわりに　159

第16回講義　ケース・フォーミュレーションの役割　161

1　はじめに　161
2　ケース・フォーミュレーションのアウトライン　161
3　ケース・フォーミュレーションの意義　163
4　おわりに　165

第6章 初回面接（1）

第17回講義　初回面接の基本構造　169

1　はじめに　169
2　初回面接の要点　170
3　協働関係の形成　171
4　基本情報の収集　173
5　問題の明確化と介入方針の決定　174
6　おわりに　176

第18回講義　基本情報の傾聴と協働関係の形成　177

1　はじめに　177
2　協働関係を形成するための技法　177
3　主訴を聴く　179
4　来談の経緯を聴く　180
5　動機づけを高める　181
6　おわりに　182

第19回講義　問題理解を深めるための情報収集　184

1　はじめに　184
2　心理機能の障害（精神症状）を知っておく　184
3　クライエントの全体的様子を把握する　187
4　心理機能の障害を訊く　188
5　おわりに　190

第7章　初回面接（2）

第20回講義　ミクロな機能分析のための情報収集　195

1　はじめに　195
2　知覚と感情の機能障害を把握する　195
3　思考・認知の機能障害を把握する　197
4　自我意識とパーソナリティの障害を把握する　199
5　おわりに　200

第21回講義　マクロな機能分析のための情報収集　202

1　はじめに　202
2　出生から思春期　202
3　成人期　204
4　生活機能から障害を理解する　205
5　おわりに　207

第22回講義　ケース・フォーミュレーションのための面接法　208

1　はじめに　208
2　問題の構成要素を明らかにする　209
3　ミクロなコンテクストのなかで問題を理解する　210
4　マクロなコンテクストのなかで問題を理解する　211
5　クライエントとの心理的問題の共有と目標設定　213
6　おわりに　214

終章　改めて臨床心理アセスメントを考える

第23回講義　復習：臨床心理アセスメント　219

1　はじめに　219
2　アセスメントのプロセス　220
3　精神症状を機能の障害として理解する　226
4　おわりに　229

索引　230

序　章

臨床心理アセスメントとは何だろうか

第1回講義

臨床心理アセスメント事始め

1　はじめに

　まず，読者の皆さんに，臨床心理アセスメントの実際を知っていただくために，ひとつの事例を提示することにします。これは，私が経験した複数の事例を組み合わせて再構成したものです。皆さんは，このような事例を担当した場合に，どのような知識や技法に基づき，どのような対応が必要となると思いますか。そのようなことを考えながら，事例を読んでみてください。なお，本書では，読者の理解を助けるために，随所で事例を提示しますが，いずれも上述したように私の創作事例であることを前もってお断りしておきます。

2　事例　カナさん

　小学校6年生のカナさんは，小児科医から紹介されて母親と一緒に来談しました。紹介状には，「手洗いのひどい患者さんです。薬物療法は，ほとんど効果がありません。また，まだ子どもであるのであまり強い薬物を使用することも躊躇されるので，心理的介入をお願いします」と記載されていました。

　カナさんの家族構成は，父親（46歳，会社員），母親（39歳，パート），姉（13歳，中学2年生）に，カナさんを加えた4人家族でした。臨床心理士が母親にこれまでの経緯を尋ねたところ，次のようなことがわかりました。

　母親は，会社中心の生活の夫に失望し，娘2人に期待し，勉学を強制していました。その夫が2年前に体調を崩して休職を繰り返すようになったことで，母親の娘たちへの期待はさらに強くなっていきました。姉は優等生タイプで母親に従っていましたが，カナさんは4年生頃より母親に反発するようになりました。5年生になった頃から手洗いへのこだわりが始まりました。6年生

なり，クラスで盗難が連続してあり，たまたまカナさんがその場に居合わせることが多かったため，担任も含めてクラスの多くの者がカナさんを疑うという事件がありました。担任から連絡を受けた母親も当初カナさんを疑い，叱責するということがありました。その結果，カナさんは，学校および母親に不信感を強めていきました。

　それとともに手洗いへのこだわりが悪化し，「学校に関連あるものは汚染されている」といって，帰宅後に30分以上かけて手洗いをするようになりました。また，「家のなかでも学校関連のものに触ってはいけない」とのルールを作るようになりました。そして，渡されたプリントも家族に渡さずに溜め込み，学校で使ったものと学校以外のものを分けて洗濯に出すようになりました。通常の通学路は，近道であるのにもかかわらず，汚らわしいといって，その通学路を避けてわざわざ遠回りして登校するようになりました。鞄などの学校関連のものが特定の場所以外に触れた場合には，消毒液で繰り返し洗浄し，家族にもそれを強制するようになりました。

　父親は，カナさんが「かわいそう」といって，カナさんの言いなりになっていました。母親は，カナさんの手洗いを自分への反抗と考え，姉とともにそれを非難し，制止しようとしました。しかし，それをすればするほどカナさんが大声を出して興奮状態になるので，しぶしぶ従うようになっていきました。

　このような状態であったので，カナさんは，宿題をすることはなく，課題となっている提出物も出さないことが続きました。その結果，学校の担任とカナさんの関係はさらに険悪なものとなりました。また，学校からの連絡書類は汚いといって親にも触らせなかったので，母親は学校の行事や連絡事項を見落とすことがありました。そのようなこともあり，しばしば担任の教員からは，母親に対して問い合わせや催促の電話がしばしばかかってくるようになり，母親のストレスが溜まる一方でした。

　このような状況のなかで元々しっくりしていなかった両親の間の意見対立が激しくなり，その結果，父親は，抑うつ状態となり，入院となりました。

3 臨床心理アセスメントの問題理解

　さて，皆さんは，カナさんの問題をどのように理解したでしょうか。問題解決に向けて問題を理解していくためには，さらにどのようなことを調べる必要があるでしょうか。精神医学の診断を知ることは，どのように役立つでしょうか。診断がつけば問題は解決するのでしょうか。臨床心理学の知識は，どのように役立つのでしょうか。

　あなたが臨床心理士としてこのような事例を受付けた場合は，上記の点を踏まえて，さらに詳しく問題の臨床心理アセスメントを実施し，介入計画を立てることになります。そのような臨床心理アセスメントでは，"カナさんの心理的問題は何だろうか"，"なぜ，このようなことが起きたのだろうか"，"問題が長引き，さらには状況がますます悪化していくのはどうしてなのだろうか"という点を明らかにしていくことになります。そして最終的には，"問題を発生，継続させているメカニズムを解明し，そのメカニズムに改善するための介入計画を立てること"が求められるのです。

　カナさんのような事例を適切に理解するためには，対象となる問題を単純に割り切るのではなく，まずは問題の複雑な様相を複雑なものとして多元的に理解する作業が必要となります。複雑であればあるほど，さまざまな要因が，時に矛盾し，時に融合し，互いに重なり合って抜き差しならない事態となっています。そこで，現実を多次元的にみていくと，平面的にみていたときには単なる混乱としか映らなかった複雑な現実が，相互に関連性をもって問題を成り立たせているメカニズムとして立体的に立ち現れてきます。それは，さまざまな要因が重なり合って問題を発生させ，さらにさまざまな問題理解が付加されて問題を維持，あるいは悪化させているメカニズムです。そのようなメカニズムをアセスメントによって明らかにするためには，単純に既存の心理テストや面接をするだけでは十分ではありません。複雑な現実を反映する多様なデータを収集し，それらを体系的に分析し，統合して問題を成立させ，維持させているメカニズムを明らかにする一連の情報処理の作業が必要となります。

　そのような点を踏まえて行われた臨床心理アセスメントは，医学的診断とは異なるものとなります。しかも，効果的な臨床心理学的介入に結びつくものとなります。本書では，そのような臨床心理アセスメントの理論と方法をわかりやすく，順を追って解説していきます。なお，このカナさん

の事例のアセスメントの経過と,その後の介入については,第13回講義で詳しく解説します。

4　本講義のアウトライン

　本講義シリーズでは,臨床心理アセスメントを「事例の問題のメカニズムを明らかにし,介入の方針を定めるための情報処理過程」とみなすことにします。そして,生物－心理－社会モデル,行動と機能の分析,ケース・フォーミュレーションといった概念をキーワードとして,その情報処理過程のポイントを解説していきます。

　以下に本講義シリーズ全体で扱う臨床心理アセスメントの過程を3段階に分けて,そのアウトラインを示します。下記の説明において聞き慣れない専門用語が出てくるかと思いますが,それらの意味や定義についてはこの後の講義で解説されますので,安心してください。

■1　データ収集段階

　アセスメントでまず必要なことは,現実に即したデータを的確に収集することです。つまり,複雑な現実を多元的に記述するためには,さまざまな視点だけでなく,質の異なるデータを収集することが重要となります。面接データだけでなく,観察データや検査データも収集することが必要な場合があります。言語データや非言語データだけでなく,行動データも必要となるでしょう。

　日本の臨床心理学では,アセスメントといった場合,面接で得られる言語データ,あるいは投映法などで得られる非言語データが多くの部分を占めています。それは,いずれもクライエント本人が表出した主観的データです。なぜ,このような主観的データへの偏重が生じるのかというと,精神分析の理論が前提とされているからです。内的世界の深層的無意識が問題を引き起こす原因となっており,それは,イメージなどの主観的データを通して表出されるという理論が大前提となっているのです。

　しかし,事例は,日常生活という現実社会のなかで起きます。したがって,まずは,現実における社会的行動や対人関係を観察した客観的データが必要となります。また,その人の生物学的な身体生理機能の障害が要因として働いている場合もあります。特に医療領域での臨床実践では,その可能性が高いといえます。したがって,薬物療法への反応を含めた精神医

学関連のデータに加えて生物学的検査や神経心理学的検査の情報も必要となります。このような生物-心理-社会モデルに関連する幅広いデータの収集が求められることが多くなっています。

2 データ分析・統合段階

次にデータに基づいて問題がどのように成立し，そして維持されているのかを分析する段階となります。ここでは，機能分析が有効になります。そして，その分析に基づいて問題のメカニズムに関する仮説を生成し，さらに介入に向けての方針を提示するケース・フォーミュレーションを提案することになります。データの分析段階では，精神病理学や異常心理学の知見が参照枠として活用されます。ここで，心理療法の理論モデルを活用することもできます。

ただし，心理療法の理論モデルは，いずれも問題の原因論を提案していますが，それらは，必ずしも実証的な研究によって提案されたものとはいえません。創始者の経験的直観や推論によって提案されたものが多くあります。したがって，既存の理論を適用する際には，注意深く収集データとの適合性をチェックしなければなりません。

むしろ，近年，認知心理学や神経心理学等の発展によって，さまざまな問題のメカニズムを明らかにする異常心理学の研究が進んでいます。そのような異常心理学の最新の研究成果を参考にして，問題の成立と維持のメカニズムをフォーミュレーションしていくことがますます必要となってきています。

3 仮説の検証・修正段階

最後に，仮説として示したケース・フォーミュレーションに基づいて介入の方法をクライエントに提案し，同意が得られたならば，実際に介入するということになります。そして，その介入の成果を参照して仮説を修正し，より現実に適合し，介入の効果に結びつくフォーミュレーションを構成していくことを繰り返し行っていくことが，アセスメントの最終作業となります。

なお，ケース・フォーミュレーションと介入にあたっては，異常心理学や臨床心理学における効果研究の最新の成果を活用することが倫理的にも求められています。最新の研究成果を無視して，有効性が認められていない介入法を選択して効果が現れなかった場合には，専門職としての倫理的

な問題が指摘されることになります。この点については，第2回講義で解説します。

5　おわりに

　事例の現実を理解するためには，現実の多元性を前提としたうえで多角的にデータを収集し，分析し，問題の成立と維持のメカニズムを解明していく情報処理活動としてアセスメントをとらえればよいことになります。

　多元的にデータを収集するという点に関しては，日本の臨床心理学ではあまり注目されてはいません。しかし，英米圏の臨床心理学では，生物－心理－社会モデルに基づいて，多元的次元を測定するアセスメント技法が開発されています。具体的には，認知心理学的質問紙や神経心理学的検査などが開発されています。また，プログラム評価のためのツールも開発されています。そこで，このような多様なツールを活用する場合には，それをどのように統合してアセスメントの結果を出すかということがテーマとなります。

　ある特定の理論に拘っていた場合には，それに新たなアセスメント・ツールを付け加えようとしても，単なる継ぎ接ぎとなり，全体として統合された分析と，それに基づく事例のフォーミュレーションができません。これは，現在の日本の臨床心理学におけるアセスメントが発展しない最も主要な問題点であるといえます。

　そこで，本講義シリーズでは，そのような個別の理論にとらわれずに，問題の多元性を全体として理解し，さまざまな情報を統合して活用するための枠組みを提示することを試みます。

第 1 章

問題意識

第 2 回講義

今，なぜアセスメントなのか

1 はじめに

　今回の講義シリーズは，臨床心理アセスメントの新しいかたちを皆さんに紹介することを目指したものです。そのような説明を聞いて，「これまで慣れ親しんできた心理テスト（例えば，ロールシャッハ・テストや描画法）や面接法で十分ではないか。ここで，どうして新しいかたちのアセスメントを強調する必要があるのか」と訝しく思われる方も少なくないと思います。

　このような意見に対しては，今だからこそあえてアセスメントの重要性を強調する意義があると，改めてお伝えしたいと思います。欧米の臨床心理学においては，おおよそこの 30 年の間に異常心理学，認知心理学，心理統計学，健康心理学，さらには脳科学などの影響を受けて，臨床心理アセスメントの理論や方法が飛躍的に発展しています。しかも，世界的にみるならば，そのようなアセスメントの発展を土台として臨床心理学全体の有効性に対する評価が飛躍的に高まり，社会的な専門活動としての地位を固めてきているということがあるのです。

　ところが，日本の臨床心理学においては，残念ながらそのようなアセスメントの新しい理論や方法は，一部を除いてほとんど取り入れられていません。日本の臨床心理学も，専門活動としての発展を目指しているのですから，最新のアセスメントの理論や方法を採用し，それに基づいて有効な介入を発展させることが求められているといえます。したがって，社会の側からの臨床心理学に対する期待が高まり，臨床心理学の側でも，それに応えて社会的資格を得ることを目指す今だからこそ，アセスメントの重要性を改めて強調する意義があるのです。

　そこで，今回の講義では，臨床心理アセスメントに関する本論に入る前に，現在の臨床心理学を取り巻く内外の学問環境を解説し，なぜアセスメントが重要であるのかについて検討することにします。

2 臨床心理学の現在：私的活動から社会的専門活動へ

　臨床心理学は，19世紀から20世紀にかけての近代科学と近代市民社会の発展と関連して提案されたさまざまな活動を起源としています。最初から臨床心理学という統一された学問や活動があったわけではありません。ましてや，公の社会的活動として提案されたわけではありません。むしろ，臨床心理学は，異なる起源をもつ私的活動が寄り集まって形成された学問です。そのため，いずれの国でも臨床心理学の活動が当初から社会的な専門活動として認められるということはなかったのです。まずは個別の学派単位の私的活動として始まりました。それが，時代や社会の変化とともに，世界的規模で社会的専門活動として認められ，さらには国民の心理的健康を増進する活動の重要な担い手として期待されるに至っているのです。そのような社会的専門活動を支える学問として臨床心理学が形成されてきたのです。

アカウンタビリティ

　社会的専門活動とは，政府などの行政機関が，国民の健康や福祉に貢献することを条件として，その活動に公共の資金（税金）の提供を含めて特別な社会的な権限を与えることを意味しています。したがって，臨床心理学の活動が社会的専門活動として機能するためには，そのような特別な権限を与えられるのに値する社会的貢献ができることを，社会に説明できなければなりません。つまり，臨床心理学が社会的専門活動として資格を得るためには，有効な実践活動を提供できることを社会に説明するアカウンタビリティ（説明責任）を示さなければならないのです。アカウンタビリティとは，「専門家が，行う事柄について，社会に情報を開示し，その存在意義を利用者や納税者が納得できるように十分に説明する義務と責任がある」ことです。そこで，臨床心理学は，学派の視点を離れ，活動の有効性を社会に提示していくアカウンタビリティを果たすことが，社会的専門活動として発展するための課題となったのです。

　社会的専門活動ではなく，私的活動として心理療法を実践するということであれば，特定の学派のセラピストとして，自らの信じる学派の理論をクライエントに適用すればよいという発想は許されるでしょう。そのような場合，セラピストは，自らが信じる学派の創始者が創案した理論の正し

さを,まず前提とします。そして,そのうえでクライエントの問題に合わせて,その理論を適用するための技法を習得することが課題となります。そのため,有効な介入ができないことがあっても,その理論の適格性に疑問をもつよりも,その理論と技法を使いこなせない自らの技能の未熟さに原因を求めます。そして,いっそう学派の理論の習得に励むことになります。あるいは,クライエントの問題が,その学派の理論には適さないとして,その種のクライエントを介入対象から除外することによって,信奉する学派の理論の正当性を維持しようとすることもあるでしょう。そのような場合,アセスメントは,対象となる問題が,自らが依拠する学派の心理療法に適用できるか否かを判断する手段となります。

しかし,心理療法を私的活動としてではなく,社会的専門活動として実践していく場合には,このような対応は許されません。なぜなら,社会的なニーズよりも,自らが信奉する理論への忠誠を優先することは認められないからです。また,臨床心理士の好みでクライエントを選ぶことも認められません。そこでは,対象となる現実の状況に即した介入法を採用し,幅広いクライエントのニーズや社会的要請に応えていくことが,社会的専門職としての臨床心理士の責任となります。具体的には,個々のクライエントの問題を的確にアセスメントし,その問題のメカニズムに適した介入法を適宜採用していくことが課題となるのです。そこで,臨床心理学が社会的専門活動として発展していくためには,アセスメントが非常に重要な役割を担うことになるわけです。

エビデンスベイスト・アプローチ

専門職としての臨床心理士は,社会的要請を優先することが求められます。その場合,対象とするクライエントを,自らの好みや都合で選別することは,基本的には許されません。現実には,心理的問題といっても,多種多様な内容が含まれています。過去の外傷体験に由来する問題だけではなく,現在の対人関係によって引き起こされた問題もありますし,身体不調が原因の問題もあります。したがって,臨床心理士が援助対象としなければならない問題は,多様な広がりをもってきます。

そこで,問題の広がりに対応できるような臨床心理アセスメントを開発し,発展させていくための研究が必要となります。アセスメント研究としては,アセスメントのための面接技法や観察技法,あるいは尺度の開発などを目的とする技法開発研究があります。それに加えて介入の対象となる

問題のメカニズムを探る異常心理学研究もアセスメント研究といえるでしょう。

いずれにしろ、アセスメント研究にあっては、個々の学派の創始者が提案した理念を前提とする理論研究とは異なるものです。そこでは、現実の問題に関して具体的なデータを収集し、それを分析していく実証的研究が求められます。しかも、そこで開発されたアセスメントは、常に有効な介入法に結びつくことが求められます。したがって、アセスメント研究の結果についても、介入の有効性という観点から常にその妥当性が評価されることになります。このようにアセスメントは、臨床心理活動の効果研究と密接に関連して発展するものです。

上述したように臨床心理士が社会の要請に応えられる心理援助の専門職になるためには、活動の実践的有効性を社会に示すことが必要となってきています。欧米の臨床心理学では、そのような社会的要請に対応して、1970年代から活動の効果を実証的に評価する効果研究が広く行われるようになってきました。その結果、学派の相違は重要な意味をもたないことが明らかになりました。そして、学派の教義や理念に根拠にするのではなく、具体的なデータという証拠に基づいた実証的方法、つまりエビデンスベイスト・アプローチ（evidence-based approach）が定着してきています。

欧米におけるアセスメント研究は、このようなエビデンスベイスト・アプローチと密接な関連をもって発展してきているのです。エビデンスベイストな研究を通して、さまざまな心理障害に特有なメカニズムが明らかになってきています。また、一事例実験やメタ分析といった効果研究の成果として、障害ごとに実際に有効な介入法とそうでない介入法が区別され、それがAPAから公式の資料としてリスト化されて提示されています（表2-1）。

もちろん、エビデンスベイストな効果研究には、その研究デザインに適合しやすい介入法と、そうでない介入法があるという限界はあります。このような限界はありますが、学派の考え方が一方的に示され、その学派の立場から心理療法の有効性が語られていただけであった旧式の臨床心理学を打破した点で意義があるといえます。効果研究という第三者の目がそこに入り、客観的にその効果を評価することは、臨床心理学の専門性を高め、それを世の中に示すうえで非常に重要な作業であるといえます。

ここで重要なのは、個々の障害ごとに有効な介入法が研究され、その効果が判別されていることです。つまり、どのような障害についても有効な

表2-1 実証的に有効性が認められた介入法の例

●十分に確立された介入法	
・不安とストレス	パニック障害への認知行動療法，全般的不安障害への認知行動療法，強迫性障害への暴露－反応妨害法
・うつ病	うつ病の認知行動療法，うつ病の対人関係療法
・児童期の問題	遺尿のための行動変容法
・夫婦間の不和	行動的夫婦療法
●おそらく効果のある介入法	
・不安	強迫性障害の認知療法，外傷後ストレス障害の暴露療法
・薬物乱用と依存	コカイン乱用の行動療法，鎮静剤への依存への認知療法
・うつ病	セルフ・コントロール療法，社会的問題解決療法
・健康上の問題	児童期の肥満への行動療法，慢性腰痛への認知行動療法
・児童期の問題	単一恐怖症への暴露療法
・その他	境界性人格障害への弁証法的行動療法

心理療法などは存在しないことが実証的に明らかにされてきているのです。このような研究結果からするならば、学派の理論に基づいて、特定の心理療法がどのような障害や問題に対しても有効であるかのごとき説明をすることは、その学派のドグマを訓練生や利用者に一方的に押しつけていることに他ならないのです。実際、米国では、効果研究によって実際に有効であることが明らかにされた方法を用いないで介入し、有効な効果が出なかったならば、クライエントから訴えられることがあります。そのような場合、有効な介入法を用いなかったことを理由として、臨床心理士が敗訴することになります。

したがって、専門職としての臨床心理士の倫理という面からも、エビデンスベイストな研究の成果を踏まえ、クライエントの問題や障害を的確にアセスメントし、その結果に基づいて適切な介入法を用いることが必須となってくるのです。

生物－心理　社会モデル

臨床心理学が対象とするメンタルヘルスの問題を理解する場合、それが生じてきたコンテクストや環境を考慮に入れる必要があります。そのようなコンテクストや環境を含めてメンタルヘルスの問題を理解していく枠組みとして重要となるのが生物－心理－社会モデル（bio-psycho-social model）です。これは、単にメンタルヘルスの領域のみを対象としたものではなく、病気と健康をテーマとする領域全体を対象としたものです。医療領域においては、長期間にわたって疾病の生物医学モデルが支配的でした。このよ

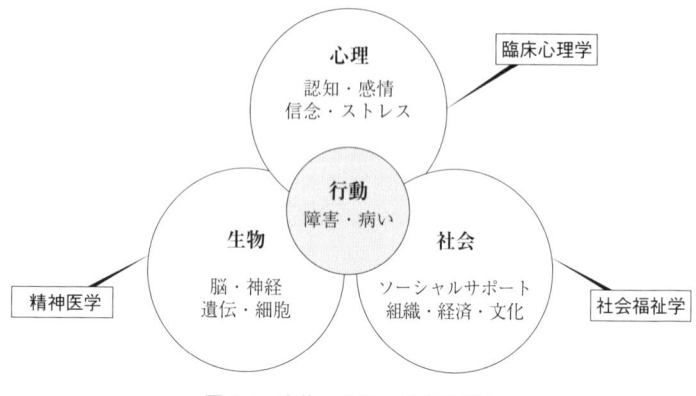

図2-1 生物-心理-社会モデル

うな生物医学モデルの偏りや限界を指摘し，それに代わるものとして提案されたのが，この生物-心理-社会モデルです（図2-1）。

　図2-1に示したように，生物的要因には，神経，細胞，遺伝子，細菌やウィルスなどが挙げられます。最近では，脳科学の進歩によって脳・神経が重要な要因として注目されています。いずれにしろ，これらの生物学的要因に対しては，生物学，生理学，生化学，神経・脳科学などから得られた医学的知見に基づき，手術や薬物治療などの生物医学的アプローチが採用されることになります。

　心理的要因については，認知，信念，感情，ストレス，対人関係，対処行動などが挙げられます。最近では，認知心理学の発展によって，その人が自己の健康状態（病気を含む）や行動をどのように受け止め，自分の生き方をどのように考えているのかという，認知（考え方）の重要性が注目されています。これらの心理学的要因については，心理療法や心理教育によって自己の病気や環境に適切に対処できるように認知や行動の仕方を改善していく心理学的アプローチが採用されることになります。

　社会的要因については，家族や地域の人々のソーシャルネットワーク，生活環境，貧困や雇用などの経済状況，人種や文化，教育などが含まれます。これらの社会的要因に対しては，患者を取り巻く家族のサポート，活用できる福祉サービス，経済的なものも含めての環境調整など社会福祉的アプローチが採用されることになります。

　このように，多様な要因が絡み合って病気や不健康な状態が成立するというのが，生物-心理-社会的モデルです。エビデンスベイストな研究の

結果として，医学を含む生物学，心理学，さらには社会福祉学が協働して問題をアセスメントし，介入していく生物－心理－社会モデルの重要性が指摘されています。メンタルヘルスの現場においては，日本においても生物－心理－社会モデルに基づく活動は広がりつつあります。そのように他の専門職と協働して活動していく場合には，臨床心理士には，臨床心理アセスメントの結果と介入の技法を他の専門職に伝わるように明確に示していくことが求められます。つまり，心理学の専門職としての判断を示すことが，他の専門職から問われるのです。

この点においても臨床心理アセスメントが非常に重要となります。私的活動として心理療法を実践しているのであれば，一人，あるいは気の合う仲間と組んで開業することもできます。しかし，社会的専門活動となると，他の専門職や職種とチームを組んで活動することが前提となるのです。日本の臨床心理学における重要な課題となっているスクールカウンセリングにおいても然りです。教員だけでなく，事務職員，養護の先生や校医，時には警察，さらには父兄なども含めて協働していくことが必要となっています。問題が複雑になればなるほど，他職種間の協働が求められるということもあります。

生物－心理－社会モデルに基づき，他の専門職と協働して問題に対処する際に重要となるのが，クライエントの"行動"をテーマとすることです。というのは，生物的次元，心理的次元，社会的次元のいずれの次元にも共通するのが"行動"だからです。生物的な障害は，身体的行動に表れます。また，社会的な問題は，対人行動や社会的行動として示されます。あるいは，対人行動や社会的行動の障害が社会的な問題となります。このような"行動"をコントロールし，調整するのが心理的側面である"認知"なのです。

したがって，生物－心理－社会モデルに基づく協働作業をする場合，各職種が"行動"を共通のテーマとして共有することになります。そして，臨床心理士は，その"行動"をコントロールする"認知"に関わる専門職ということになります。その点で"認知"と"行動"のアセスメントと認知行動療法は，臨床心理学に有効な枠組みを提示できるものとなっています。

3 おわりに

　日本に特有な心理臨床学（第3回講義で解説）にあっては，生物－心理－社会モデルに基づく他職種との協働については，あまり注意が払われていません。それは，個人開業に基づく個人心理療法が，日本の臨床心理学の基本的なモデルになっているからです。そのため，心理専門職としてのアセスメントを行い，それを他の職種にわかるように伝えるという意識が弱いのです。しかも，現実世界や行動から切り離された心の内面，特に無意識や心の深層をテーマとする心理療法を理想モデルとしているということもあります。周囲の世界から切り離された心の内面の世界に沈潜してしまった場合，他の職種とのコミュニケーション自体が不可能になります。協働するための共通の地平をもてないのです。その結果，社会的専門職としての責任を果たすのが難しくなります。いや，それ以前にチームに参加できなくなってしまうのです。

　もし，実証的なデータに基づいて問題をアセスメントし，その結果に基づき，生物面や社会面も含めた介入の方針を提示できるならば，臨床心理士の専門性は，高く評価され，多職種協働のチームのリーダーになることができます。実際，英米圏の臨床心理士は，そのようなリーダー的役割を担うようになってきています。だからこそ，日本の臨床心理学もアセスメントの重要性を再考すべき時が来ているのです。

❖ **さらに深く理解するための文献**

1）『臨床心理学の新しいかたち』誠信書房，
　　下山晴彦（編），2004

　本書は，エビデンスベイスト・アプローチに基づく臨床心理学のあり方を具体的に描いている。日本の臨床心理学の現状を踏まえたうえで，今後の進むべきかたちを示している点で日本の読者にとっても理解しやすい構成となっている。臨床心理アセスメントやエビデンスベースド・アプローチが，臨床心理学全体のなかでどのような位置づけにあるのかを知るうえでも，本書は参考になるであろう。

2）『心理援助の専門職になるために──臨床心理士・カウンセラー・PSW を目指す人の基本テキスト』金剛出版,
　　下山晴彦（監訳），2004

　日本の多くの臨床心理学関連の本は，何らかの学派の心理療法を習得することが臨床心理士になるための目標であるかのような記述がなされている。しかし，本講義で解説したような近代的な臨床心理学においては，臨床心理士を目指す者にとって第一に重要となるのが，専門職としての自覚である。臨床心理アセスメントを的確に実施するうえでも，心理援助の専門職として責任をもつことがまず必要とされる。そのような専門職になるために学ぶことが本書にはわかりやすく記載されている。

第3回講義

日本の臨床心理学をアセスメントする

1 はじめに

　前回の講義で述べたことは，臨床心理学が社会的専門活動として発展している英米圏では，すでに常識となっている事柄です。ところが，日本の臨床心理学では，エビデンスベイスト・アプローチに基づくアセスメントや研究を積極的に取り入れようとしてきませんでした。それは，結果として臨床心理学の社会的専門活動としての発展を阻害することになっているのです。このような奇妙な事態が生じているのには，そのような変化を望まない，それなりの理由があるはずです。以下，その理由に関して，専門職としての臨床心理士の活動が発展している英国と比較して検討してみることにしましょう。

2 臨床心理学，カウンセリング，心理療法は，どう違うのか

　英国では，学問という点に関しては，「臨床心理学（clinical psychology）」と「カウンセリング（counselling）」と「心理療法（psychotherapy）」は明確に分化しています。教育課程も，それぞれ異なっています。それと関連してアセスメントや研究に対する態度も異なっています。三者の関係は，図3-1のように図式化できます。なお，技法としての心理療法やカウンセリングは，臨床心理学の介入技法として取り入れられています。また，カウンセリングは，心理療法に包含されることもあります。しかし，学問としてみた場合には，この三者は異なっています。この点に注意してください。
　「臨床心理学」は，心理学部に属し，心理学としての実証性と専門性を重視します。活動としては，認知行動療法を中心に，他の専門職とも協働してコミュニティにおける専門的で統合的な介入を目指します。実証的研究に裏づけられたアセスメントに基づく介入が重視されるため，介入技法だけでなく，異常心理学の知識と研究能力も備えていることが求められ，博士号を有していることが前提となります。このことからわかるように臨床

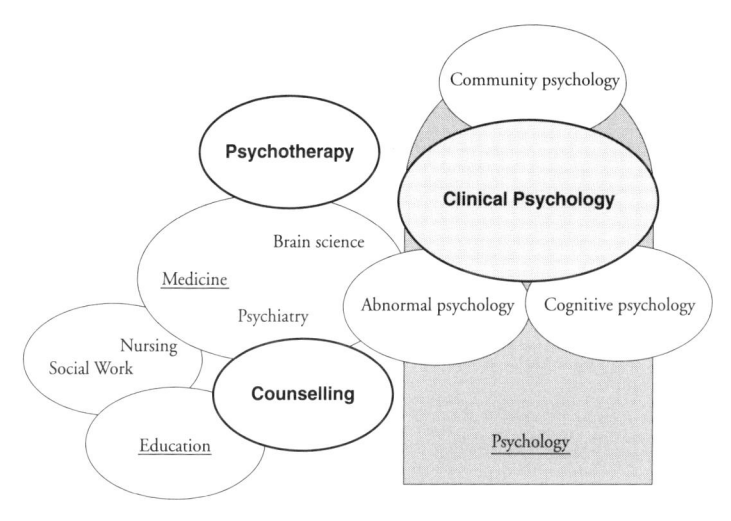

図3-1　英国の臨床心理学の位置づけ

　心理学は，臨床面だけでなく，学術的な面での評価も高い学問となります。
　それに対して「カウンセリング」は，教育学部に属し，ロジャースが提唱した人間性を重視する活動として，心理学には拘らない，広い領域に開けた人間援助の総合学を目指します。比較的健康度の高いクライエントの問題解決の援助がテーマとなっており，異常心理学やアセスメントは，あまり重視されません。また，専門性よりも人間性が重視されるといった特徴があります。
　さらに，「心理療法」は，心理力動学派などの特定の理論を前提として，その理論に基づく実践を行うことを目指すものです。したがって，信奉する学派の理論と技法を習得し，それを適用することが重視されるので，アセスメントでは，その学派の技法が適用できるのかどうかの判別が重要となります。また，特定の学派の理論の習得訓練が目標となるので，大学のような学術的な場ではなく，私的な研究所での教育が中心となります。その学派の技法をいかに適用するのかが中心テーマであるので，技法の適用を検討する事例研究は盛んに行われるものの，学術的な研究にはあまり関心が払われません。
　「カウンセリング」と「心理療法」は，ともに心理学を基礎としない点で共通しています。しかし，「カウンセリング」が特定の学派に拘らずにさまざま技法を統合する援助学として大学内に位置を確保しているのに対して，

「心理療法」は，依拠する理論に拘り，学派色の強い，私的な養成機関での教育を行うことを重視する点で両者は異なります。したがって，大学院の専門教育では「心理療法」が前面に出ることはありません。このように英国では，「臨床心理学」「カウンセリング」「心理療法」の三者の目的と機能は分化しているのです。これは，米国を含めて英米圏の諸国では，ほぼ共通した認識といえます。

3 なぜ，日本ではアセスメントの発展が止まったのか

このような英国の概念に基づいて日本の状況を記述した場合，三者が混在したまま，いわゆる臨床心理学が構成されていることが明らかとなります。さらに，その混在の状況を分析していくと，次のような事態が明らかとなります。

日本の臨床心理学では，1980年代以降，深層心理学を中心とした心理力動的な学派が大きな比重を占めてきています。その点で「個人心理療法」が，日本の臨床心理学の理想モデルとなっています。しかし，「個人心理療法」は本来依拠する理論に基づく厳しい訓練を必要としています。その点では，真の意味で「心理療法家（サイコセラピスト）」の名に値するのは，日本の"臨床心理士"のなかではほんの一部に過ぎません。むしろ，大多数の者は，「カウンセラー」として総合的な援助活動を行っているのが実態です。実際，日本の場合，多くの"臨床心理士"が学校場面で関与しているのは，スクール"カウンセリング"なのです。したがって，日本の臨床心理学の実質モデルは，「カウンセリング」です。そして，日本においては，心理学との関連を保ち，実証的研究に基づくアセスメントと介入を軸とする臨床心理学を実践している，本来の「臨床心理士」(clinical psychologist) は，全体数と比較するならば皆無に近いといえます（図3-2）。

このように「個人心理療法」を理想モデルとしながら，実際は「カウンセリング」を実質モデルとして大多数を構成し，「臨床心理学」はほとんど機能していないというのが，日本の臨床心理学の実態なのです。このような複雑な捻れを含む状況が，"心理臨床学"という用語に象徴される日本の臨床心理学の姿です。この捻れ現象は，日本の独特な臨床心理学の在り方を示すとともに，専門活動としての臨床心理学の発展をむずかしくしています。その結果，英国の「臨床心理学」の基礎技能として最も重視している実証的アセスメント技能に関しては，日本では重視されないというこ

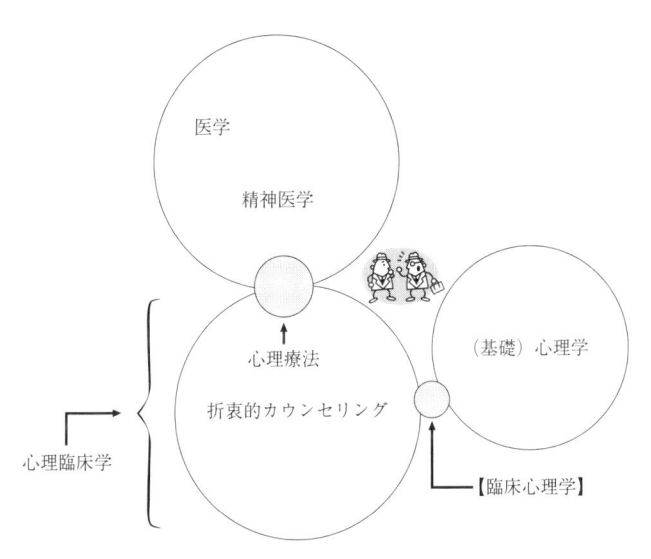

図 3-2　日本の臨床心理学の状況

とになったのです。むしろ，アセスメントを軽視する傾向は，近年強くなっています。このような現象が生じているのは，「個人心理療法」を理想モデルとしている限り，既成の理論に従って事象を解釈し，理解する傾向が強く，その結果としてデータに基づいて実証的な判断をする発想や態度が育たないということがあるからです。

　それと関連して日本の臨床心理学は，研究についても未熟な状態に留まっています。日本では，臨床心理学とアカデミックな心理学の対立がみられます。臨床心理学において研究が未熟な状態に留まっていることが，このような対立が生じる要因のひとつになっています。自らが信奉する学派の心理療法の理論に基づく実践活動を目標とするならば，その理論の正しさが前提となります。そのため，実証的な開発研究や評価研究の発想が育ちません。そうなると，研究するという発想が育たないのです。その結果，研究的側面が弱体化し，アセスメントの開発もおろそかになります。それに加えて，他の専門領域と対立を生じさせているということであれば，それは，さらに由々しき問題となります。

4 日本の臨床心理学を外部評価する

　心理臨床学とも呼ばれる日本特有の臨床心理学では，上述したように心理療法の学派を優先する考え方が優勢となっていました。そのような状況においてアセスメントにどのような問題が生じてきているのかをみていくことにしましょう。

インフォームドコンセント（説明と同意）の欠如

　ある特定の心理療法を信奉する学派内では，アセスメントは特定の心理療法の必要性にお墨つきを与える役割を担うことになります。そのような場合，客観的なアセスメントをし，それに基づいて適切な心理療法を選択するというプロセスは前提となっていません。まずお好みの心理療法があり，アセスメントは，その心理療法に道筋をつける露払い的な役割になります。つまり，「まず心理療法ありき」であって，アセスメントは，それとの関連で評価されるものとなります。その場合，アセスメントを評価する基準は，個々の心理療法の理論の適用ということになっています。具体的には，その心理療法を遂行するために必要な情報を取ることができているか否かが，アセスメントの良し悪しを判断する基準となるのです。

　こうなってくると，実際にはアセスメントと心理療法（あるいはカウンセリング）が融合して区別がつかない現象が出てきます。とりあえず，「話を聞いてみましょう」といって相談が始まり，いつのまにか心理療法（カウンセリング）が始まっていることになります。そのような場合には，アセスメントの結果をクライエントに説明し，介入の方針について話し合うという作業が蔑ろにされてしまいます。

　本来ならば，事例を担当するセラピストが，何が問題であるのかについての仮説を立て，それをクライエントに説明し，介入に進むのか否かを確認し，そしてもし介入に進むならば，どのような介入法があるのかを提案して話し合うという一連の作業をすべきです。しかし，ある特定の心理療法（カウンセリング）を前提としていた場合には，その作業がなされません。介入すべき問題についての説明があり，クライエントがそれに合意してはじめて介入の段階が始まることが望ましいのですが，それがなされないまま介入に進むということになります。つまり，インフォームドコンセント（説明と同意）がなされないまま介入が始まってしまうのです。果た

してこれでよいのでしょうか。

　日本の臨床心理学が外部評価を受けるとするならば，臨床心理学が全体としてどれほど社会に対して適切な活動ができているのかという評価がなされます。それは，各学派の理論にどれだけ貢献するのかではなく，社会にどれだけ貢献できるのか，利用者に対してどれだけアカウンタビリティをもっているのかが問われることなのです。したがって，学派によって評価が異なるという状態は，外部からは混乱とみなされることになります。また，利用者にとっても，出会うセラピストごとに異なる基準でアセスメントをされるのでは，混乱が生じることになります。したがって，外部評価ということを考えた場合，個々の心理療法の理論を基準にしてアセスメントの良し悪しを判断しようとする発想こそが，問題なのです。

アセスメントと心理療法の融合

　このように日本特有の心理臨床学においては，アセスメントと心理療法が融合し，アセスメントは心理療法のなかに含まれるということが起きています。例えば，箱庭などは，このようなアセスメントと心理療法が融合した典型例です。ただし，実際にそうなっていても，「それが望ましいあり方である」と公然と主張する人はあまりいません。公には，「アセスメントは，個々の心理療法の理論とは関係ない。まずはアセスメントをし，その結果に基づいて適切な心理療法を選択するものなのだ」という正論が主張されています。

　では，果たして心理臨床学においてアセスメントのデータの分析に基づいて適切な介入法を決定するプロセスは明確に示されているでしょうか。そのためには，個々の心理療法の理論に左右されないデータを収集し，それを分析し，その結果から最適な介入法を選ぶという手続きが定まっていなければなりません。心理臨床学において，果たしてそのような手続きについてきちんとした議論がなされているでしょうか。少なくともそのためには，標準的なアセスメントの方法が提示されていなければなりません。それとともにアセスメントの結果に基づいて採用する多様な介入法が用意され，またそれを実際に使用できるように訓練がなされていることが必要となります。心理臨床学において，そのような発想に基づいて具体的な手続きが示され，そのための訓練が充実しているでしょうか。

　アセスメントとしてはロールシャッハ・テストや知能検査などの古典的な検査を教え，心理療法については個々の教員がそれぞれ自ら慣れ親しん

だ学派の心理療法を個別に教え，それらを統合するのは学生に任されているというのが，心理臨床学の現状ではないでしょうか。学生は，アセスメントと心理療法とのつながり，さらにはさまざまな学派の心理療法の相互関係がわからないまま，とりあえず何らかの心理療法を実践することを求められます。そうなると学生は，まずは自分が指導を受けた教員が実践した心理療法を適用しようとせざるを得なくなります。結果として，客観的なアセスメントをし，その結果から適切な介入技法を選択するという手続きを身に付けられないことになります。実際には，心理療法以外にも，さまざまな介入法があります。しかし，そのような手続きを学ぶことなく，とりあえず自分が習った心理療法を適用するセラピストが再生産されていくことになります。

5 　臨床心理アセスメントは，心理学の研究過程である

　ここで重要となるのが，皆さんが，どのような専門家になろうとしているかです。上述したように学問本来の意味でいうならば，カウンセリング（カウンセラー），心理療法（セラピスト），臨床心理学（臨床心理士）では，それぞれ活動の目標も，学ぶべき知識や技能も異なっています。したがって，いずれの学問を目指すのかによって学習過程が異なってくるのです。

　もし，心理臨床学が重視する心理療法の専門家，いわゆる心理療法家（セラピスト）になることを目指すならば，上述のような多元的なアセスメント技法や心理学の最新の知識は必要がないことになります。むしろ，個々人が好ましいと思う学派の心理療法の理論をしっかりと学び，その理論を適用する技術の徹底的な習得が優先されることになります。

　また，カウンセラーとなることを目指すならば，まずはクライエントの主観的世界を共感的に理解する態度とそのためのコミュニケーション技法を徹底的に身に付ける必要があるでしょう。共感的態度と，アセスメントで前提とされる客観的態度を両立させることは容易ではありません。修士課程の2年間という短い期間において，カウンセリングが前提とする共感的態度と，臨床心理アセスメントで求められる専門的知識と技能の両方を身に付け，さらにそれを統合して実践する技能を身に付けることは至難の業です。その難しさを考慮するならば，カウンセラーを目指す人は，まずは共感的コミュニケーションの技能を徹底的に修得することを目指すべきでしょう。

それに対して本来の臨床心理学を習得し，クリニカル・サイコロジストという意味での臨床心理士を目指すならば，カウンセラーとしての共感的態度に加えて，臨床心理アセスメントで必要となる知識と技能を修得することが求められます。そして，そのためにはデータを収集する前提となる心理学の専門知識と技能が重要となります。さらに，収集したデータを分析，統合して事例の問題を総合的に理解し，問題を成立させ，維持させているメカニズムに関する仮説を構成していく技能も必要となります。そこで重要となるのが，仮説生成－検証－修正の過程です。

　この仮説生成－検証－修正の過程は，データから仮説を生成し，さらにデータに即して仮説を修正し，洗練させていくという点で研究過程でもあります。臨床心理学にあっては臨床過程が同時に，データの収集分析に基づいて妥当な仮説を構成する研究過程でもあるのです。ここで，実践者（practitioner）としての態度と科学者（scientist）としての技能を併せもつ実践者－科学者モデルの重要性が明らかとなります。つまり，臨床心理アセスメントができる臨床心理士になるためには，共感的面接技法や各心理療法の理論と技法の習得に加えて心理学研究の学習が必須なのです。

　しかし，残念ながら，日本特有の心理臨床学では，このような発想はみられません。これは，特定の心理療法の技能の習得を目指す心理臨床学においては，必然の結果といえるでしょう。

6　おわりに

　今回の講義では，日本の臨床心理学の現状を批判的に論じてきました。しかし，それは，日本の臨床心理学の可能性を否定するものではありません。これまでの歴史があってこそ，現在の心理臨床学の興隆がもたらされたのです。日本の臨床心理学にあっては，1960年代に資格制度の創設についての意見の相違に端を発して，活動方針をめぐって学会内で激しい対立が生じました。そして，1970年代のはじめには内部対立により学会が分裂し，臨床心理学は壊滅状態になりました。そのような歴史の過程で，日本の臨床心理学においては，社会とは切り離された内的な世界を重視する特異な心理臨床学が形成されたのです。それは，歴史の必然であったといえます。

　しかし，現在の時点で日本の臨床心理学は，新たな段階に向けて発展していくことが課題になっています。つまり，個人の内的世界を超えて，社

会のなかでどのような役割を果たすことができるのかが問われているのです。臨床心理学の社会化が，改めてテーマとなっているといえるでしょう。その課題を果たすためにアセスメントが重要なテーマとなっているのです。その際，外国で成立したアセスメント研究の成果を単に輸入すればよいというものではないでしょう。

　これまでの日本の臨床心理学の歴史のなかで培われてきた伝統に，新たな成果を組み合わせていく作業が必要となります。伝統を新たな発展につないでいく作業が今まさに必要とされているのです。そこで，次回の講義では，臨床心理アセスメントが本来あるべき姿を検討し，日本の臨床心理学の発展の方向性を探ることにします。

❖さらに深く理解するための文献

1）『講座臨床心理学1・臨床心理学とは何か』東京大学出版会，
　　下山晴彦・丹野義彦（編），2001

　本書には，世界の臨床心理学の発展過程と日本の臨床心理学の現状を比較することを通して，日本の臨床心理学の課題が体系的に記載されている。今回の講義の内容をさらに詳しく知りたい読者には，参考になるだろう。それと同時に，「なぜ今，臨床心理アセスメントが重要となるのか」という本講義シリーズの基本テーマの緊急性もよく理解できるであろう。

2）『講座臨床心理学2・臨床心理学研究法』東京大学出版会，
　　下山晴彦・丹野義彦（編），2001

　日本の臨床心理学では，研究＝事例研究という，非常に奇妙な考え方が広まっている。そのため，近年世界の臨床心理学において新たに開発され，実施されている研究法については，ほとんど紹介されていない。鎖国時代に喩えられるくらいの情報の偏りである。諸外国では，心理療法や臨床心理学が進化する契機となるとともに，専門活動として認められる契機となっている臨床心理学研究を知らないまま，多くの学生は偏った心理臨床学を学んでいる。日本の臨床心理学が鎖国状態を脱して適切な臨床心理アセスメントを実践できるようになるためには，研究法を学ぶことが必須である。本書は，そのための参考書として活用できる。

第 4 回講義

臨床心理アセスメントは何を目指すのか

1 はじめに

　読者の皆さんは，臨床心理アセスメントとは，どのような活動だと思いますか。まだ実際に臨床心理活動をしていない方には，あまり想像がつかないかもしれません。また，すでに臨床心理活動をしている方であっても，ご自身が学んできたやり方や見方に固定してしまっていて，アセスメントを狭くとらえているということもあるかもしれません。いずれにしろ，事例の問題を，幅広い，自由な視点から理解することができなくなってしまっているということはないでしょうか。

　そこで，臨床心理アセスメントとは何かを具体的に考えるために，まず事例をみていくことにしましょう。これも，私が担当したいくつかの事例を組み合わせて構成した架空の事例です。創作事例ではありますが，臨床現場ではよく出会う典型的な事例となっています。皆さんは，このような事例の受付をしたときに，どのように問題を理解するでしょうか。考えてみてください。

2 事例　ミズキさん

　中学 2 年生のミズキさんは，クラス内のグループ対立に巻き込まれ，対立するクラスの同級生から「デブ」とからかわれるようになりました。そして，それを契機として，それまで明るかったミズキさんは，クラス内で安心していられなくなり，次第に学校を欠席するようになっていきました。それに対して厳格な父親は，「学校に行けないのは，社会的にみておかしなことだ」とミズキさんを責め，登校を強制しました。

　当初，ミズキさんは，無理に登校しようとしました。しかし，

結局，途中で腹痛となって引き返してくることが多くなりました。母親は，そのようなミズキさんを「かわいそうだ」と考え，腹痛で帰ってきたミズキさんを手厚く看病しました。毎朝，腹痛を訴えるようになったので，母親がミズキさんを病院に連れていったところ，「医学的には問題がないので病気ではありません」といわれて，帰宅させられました。

そこで夫婦でクラスの担任教師に相談したところ，「不登校は，誰にでも起きることであり，特に異常な事態ではない。静かに様子をみることが大切といわれている。病院に連れていったのは失敗だった。いずれにしろ，登校刺激を与えないように」と告げられました。母親は，「娘が，いじめをきっかけとして学校に行けなくなった。クラスに適応できなくなったのが問題だと思う。クラス担任の指導力の問題ではないか」と，むしろ学校を責めるようになりました。

本人は，「学校に行こうと思うと怖くなって，苦しくてたまらない。それで，自分は心理的な病気であると思うので治療をしてほしい」と訴えました。そこで，担任教師は，親子でスクールカウンセラーのところに相談に行くようにと勧めました。スクールカウンセラーが母親にミズキさんの小さい頃の様子を尋ねたところ，「2歳のときに妹が生まれたこともあり，小さい頃から姉として，とてもよい子であった」ということでした。母親の話を聞いたスクールカウンセラーは，ミズキさんが自分の欲求を抑圧していることが問題であると考えました。また，ミズキさんが「いつも怒っている父親が怖かった」と語るのを共感的に聴き，彼女の考えを受容しました。そして，親面接で父親の厳しい養育態度や夫婦の協調性のなさを指摘し，「家族の変化が必要だ」と伝えました。それに対して父親は，「自分が原因のようにいわれて心外である」と怒り出しました。

そうこうしているうちにミズキさんは，食事を取らなくなり，痩せ始めました。ところが，痩せ始めるに従って登校するようになり，高校受験を目指して勉強に集中し始めました。痩せて不健康なミズキさんをみて担任教師は，母親に対して「どうみても健康的ではない。何か問題があると思う。問題点をカウンセラーにしっかり判断してもらってください」とアドバイスしました。母

親の話によると,隠れて大食をして,その後に嘔吐していることもあるようでした。スクールカウンセラーが体重を尋ねたところ,165cmで36kgと標準体重の80％を下回る痩せ状態になっていました。そこで,スクールカウンセラーは,確認のためということで摂食障害の程度を測定する自己回答式尺度を施行したところ,否定的ボディ・イメージや完璧主義傾向の得点が異常に高いとの結果を得ました。そこで,「心理テストの結果から,摂食障害の可能性が高いので,病院に行ってみてはどうか」と勧めました。ところが,ミズキさんは,「カウンセラーは,以前のように自分の気持ちをわかってくれなくなった」と来談を中断してしまいました。母親がミズキさんに病院に行くことを勧めると,本人は「自分は痩せて嬉しい。学校にも行けているので何も問題がないはずだ」といって病院に行くことを拒否しました。

その後,ますます痩せ,生理も止まったミズキさんを心配した両親が無理やり病院に連れていったところ,「標準体重の80％をかなり下回る痩せ状態となっており,異常な事態である。神経性無食欲症の診断基準に適合しているので,れっきとした疾病です」と宣言され,投薬治療が開始されました。

しかし,本人は「自分は病気ではない。薬も効かない」と言い張り,通院は途絶え気味です。そして,「誰も自分のことをわかってくれない。それに,親も担任もスクールカウンセラーも私に対していうことに一貫性がない。信頼できない」といって,周囲に不信感を示し,閉じこもるようになっていきました。病院では,本人が来院しない限り治療はできませんというだけです。

そのような状態のなかで困りきった母親が,臨床心理相談室にやってきました。

3 心理的問題とは何だろうか

問題の理解は,単純ではない！

このような事例は,思春期の摂食障害事例としては典型的なものです。ここで重要となるのは,ミズキさん本人も含めて,何が問題なのかについての理解が登場人物のそれぞれでまったく異なり,しかも相互に矛盾して

いることです。さらに、時間的経過のなかで見方が変転し、それぞれの意見が入り乱れて複雑な様相を呈してきています。混乱が混乱を呼び、問題がますます複雑化してきているといった状況となっています。

　どうしてこのような問題が起きたのでしょうか。誰もが問題を混乱させようとして対処していたわけではないと思います。しかし、実際には、専門家も含めてそれぞれの対応が問題をさらに混乱させる要因となってしまっています。これは、事例の問題を理解する枠組みが多様にあることに由来しています。つまり、何が問題で、何が問題でないのかを判断するのには、さまざまな基準があるのです。そのような多元性を考慮しないで問題をひとつに決めつけようとすると、上述のような混乱が生じてくるのです。

　では、問題か否かを判断する基準には、どのようなものがあるのでしょうか。実は、このような判断は、正常と異常といった文脈で誰でも日々の生活のなかで行っていることです。例えば、「考え過ぎて、頭がおかしくなったみたい」「自分でも今の状態は普通ではないと思う」「あんなことするなんて、あの人、気が変になったんじゃないの」「あのようなことするなんて、どうも正気じゃないね」「あれは、もう病気だよ」といった具合です。ここでは、このような日常的な判断を含めて考えていくことにします。

　なぜならば、臨床心理アセスメントは、このような日常的判断から切り離されて行われるものではないからです。臨床心理活動では、常に問題の当事者や関係者であるクライエントと協働して問題解決に当たることになります。臨床心理士の問題理解とクライエントの問題理解をすり合わせ、両者で納得できてはじめて問題への介入が可能となります。したがって、アセスメントにおいては、問題を多元的に理解していくことが重要となるのです。上述の事例のように、問題が複雑化し、混乱している場合には、なおさらです。一般的に正常と異常の判断基準は、"適応的基準"、"理念的基準"、"標準的基準"、"病理的基準"にまとめることができます。（表4-1を参照）。

　まず、適応的基準をみていきましょう。これは、社会的に適応できているかどうかを基準にして、問題かどうかを判断するものです。この適応的基準については、第三者の立場からみて当事者の適応状態を社会的、あるいは客観的に判断する場合と、当事者が自らの適応状態を主観的に判断する場合があります。例えば、当事者の主観的判断とは、本人が「自分は、不安や恐怖で苦しくて社会的に適応できない」と考え、苦悩している場合です。前者の客観的判断は、上記事例では「クラスに適応できないことが

表 4-1　臨床心理学的アセスメントで考慮する正常と異常の基準

①適応的基準：適応－不適応

　　所属する社会に適応しているのが正常で，社会生活が円滑にできなくなったのが異常であるという考え方。

具体的基準：社会的に期待される機能が障害されているか否かによる判断
　　　　　　　社会的判断：他者によって社会的に機能していないと判断される場合。他者の立場から，他者の都合によって一方的判断を行う場合も多い。
　　　　　　　主観的判断：本人が自分は社会的に機能できないと判断する場合。苦悩を伴うことが多い。

特　徴
　　一般的に誰もが日常において判断している基準であり，臨床心理学の専門家のところにやってくる，あるいは連れてこられる場合の判断は，この基準による。ただし，関係者の社会的判断と当事者の主観的判断が異なることがあり，そのような場合に臨床心理士にその違いへの配慮が欠けると事例をいっそう混乱させる危険性がある。したがって，臨床心理士は，事例を始めるに当たっては，事例の当事者や関係者がこの基準に関して，それぞれどのような判断をしているのかを確かめ，それをどのように処理していくかを考慮しておく必要がある。
　　なお，DSM-Ⅲ以後，多軸診断のひとつとして取り入れられた「機能の全体評価（GAF 尺度）」は，上記社会的基準に相当する。

②理念的基準：規範－逸脱

　　判断のための理念体系に基づく規範があり，その規範の許容範囲内で行動している状態を正常とし，その規範から逸脱している場合を異常とする。

具体的基準：判断する人が依拠する理念体系の規範の許容範囲内か否かの判断
　　　　　　　生活的判断：道徳観や社会通念に基づく規範によって判断する場合。
　　　　　　　論理的判断：法律や理論モデルに基づく規範によって判断する場合。

特　徴
　　心理臨床機関に来談する場合，来談者は価値的基準のなかでも主に生活的規範に基づいて異常を判断して来談するが，対応する臨床心理士は主に理論的規範である理論モデルによって異常を理解しようとする。したがって，臨床心理士は，生活的規範と理論的規範の質的な違いを含めて価値的基準の相対性を意識しておく必要がある。

③標準的基準：平均－偏り

　　集団のなかで平均に近い標準的状態にあるものを正常として，平均から偏差の度合いが強い状態を異常とする。

具体的基準：検査法を用いて多量のデータを収集し，それを数量化し，統計的手法によって平均に近い標準範囲を決定し，それに基づいて判断する。

特　徴
　平均的基準は，どのような集団を標本として平均を決めたかによって，正常とされる標準的範囲は容易に変化するなど相対性が強いものであるにもかかわらず，客観的な印象が強い。そのため，社会的影響力は強い。したがって，臨床心理士は，標準的基準の適用に当たっては，検査法に習熟する努力を行うことはいうまでもないが，どのような検査（測度）を採用するのか，結果をどのように産出するのかについて慎重であるとともに，その影響の強さを考慮して，対象者に適切な説明をする必要がある。

④病理的基準：健康－疾病

　病理学に基づく医学的判断により，健康と判断された場合が正常であり，疾病と診断された場合を異常とする。

具体的基準：精神病理学に裏づけられた診断分類体系に基づく専門的な判断

特　徴
　疾患であることの診断は，医師の専門的判断である。臨床心理士は，精神病理学や診断の推論過程について学ぶことはできるが，社会的な意味において診断を行うことはできない。したがって，臨床心理士にとっては，病理的基準に基づく判断を行うことが目的ではなく，病理的基準に関する知識を事例の心理的な状態の理解に利用することが重要となる。

問題」とした母親の判断に相当します。それに対してミズキさん自身の判断基準は，同じ適応を基準としていても主観的な判断に相当します。
　次に，理念的基準をみていきましょう。これは，何らかの規範に合致しているのか否かを基準にして判断する場合です。理念的基準としては，法律や理論に基づく論理的判断と，社会通念や道徳観に基づく生活的判断があります。前者が専門家による判断であり，後者は一般の人々の判断ともいえます。上記事例のスクールカウンセラーは，当初は，自らが依拠しているクライエント中心療法の理念に基づいて共感的理解を示すとともに，家族療法の理論に基づいて家族が問題であると判断をしました。これは，自らの信奉する理論という理念に基づく論理的判断です。それに対して「学校は，何があっても行くべきだ」という道徳観に基づいて，不登校を問題とした父親の判断は，生活的判断となります。
　次は，標準的基準です。スクールカウンセラーは，標準体重との比較や心理テストの結果が異常値に入っていたので，専門的な立場からミズキさんに治療を勧めようとしました。これは，平均からの偏差を基準とする判断です。また，最近では，不登校児童数が増加するにともなって，不登校は，標準から特に偏奇した事態とはみられなくなっています。したがって，

「不登校は，誰にでも起こることであり，特に異常な事態ではない」とする教師の見解も，標準的基準による判断であったともいえます。

最後に，病理的基準をみてみましょう。これは，社会的に最も権威があり，影響力のある判断基準です。ここでは，医学の知見に基づいて疾病の診断がなされ，それによって問題であるか否かが示されます。不登校や，それにともなう腹痛は，本人の期待にもかかわらず，病気と診断されませんでした。逆に本人が否定したにもかかわらず，痩せは，摂食障害の診断基準によって病気とされたのです。

専門家が問題を悪化させる

上記事例で問題を複雑にしたのは，それぞれの登場人物が別々の基準で問題を判断し，しかもそれらが互いに矛盾していたからです。さらに，専門家であるスクールカウンセラーを含めて周囲の者が時間の経過とともに判断の基準を変えてしまっていることも，問題を複雑にしていました。

このような事例では，すでに専門家に相談に来る前に，当事者も含めてそこに関わる関係者それぞれの異なる基準に基づいて問題を判断し，対処しているものです。さらに，専門家がそのようなさまざまな基準があることを前提としないで自らの基準を唯一のものとして関わった場合には，問題をいっそう混乱させることにもなります。したがって，問題を適切に理解するためには，さまざまな問題理解の基準があることを前提としなければなりません。つまり，専門家も含めて各人が，それぞれの異なる視点から現実をみていることが前提となるのです。

そして，それらが重なり合って問題が成立し，維持されているとして問題を理解していく多元的観点が必要となります。そこでは，問題は，（他の社会的現象も同様ですが）人々の交流を通じて社会的に構成されているという考え方が前提となります。このような多元的観点に立つならば，問題のあり方が立体的にみえてきます。逆に，あるひとつの見方に基づき，単純に一面的に判断することは，問題をさらに悪化させてしまう危険があるのです。

実際のところは，臨床心理士こそが問題を一面的にみてしまう危険性が高いのです。それは，自らが依拠する心理療法の理論に拘り，その枠組みから問題を理解していく可能性が高いからです。上記の問題理解の基準でいえば，理念的基準による論理的判断に固執する危険性が高いのです。事例の問題が複雑であればあるほど，そこに関わる者は，深い森に迷い込ん

だような不安な気持ちとなります。そして，その不安を解消しようとして，自らが依拠する理論的な枠組みにいっそう固執するという現象が起きています。理論がもつ秩序で，複雑な現実を割り切ろうとするのです。ある特定の学派の心理療法を一生懸命に学ぼうとしている学生や臨床心理士には，特にその傾向が強いといえます。

　しかし，それでは，問題の現実はみえてきません。むしろ，上記のスクールカウンセラーのように，専門家の介入が問題をさらに悪化させる要因にさえなってしまうのです。したがって，問題を適切に理解するためには，まず学派の理論を離れて事例の現実に向かうことが重要となります。この点に関して日本の臨床心理学（特に大学院で教えられているレベル）では，第3回の講義で解説したように，特定の心理療法の理論を通して物事を理解することがあまりに一般的になりすぎています。そのため，理論を離れて問題を理解するという発想そのものが出てこない状態になっています。あるいは，そもそも自分たちが，特定の理論を前提にして物事を理解し，事例の意味をその理論に沿って解釈していること自体に気づいていない場合も少なからずあります。例えば，日本で長いこと流行っているロールシャッハ法や描画といった投映法は，精神分析の投映仮説を前提としています。したがって，精神分析の理論を前提としない場合，その解釈は，意味をもたないことになります。実際，エビデンスベイスト・アプローチを標榜する国々の臨床心理学では，ロールシャッハ法や描画法は，正式なアセスメント技法としては認められていないのです。

　このように考えた場合，理論を当てはめて現実を理解するやり方の危険性が明らかとなります。結局，理論とは，物事を理解するための，ひとつの秩序だった枠組みでしかありません。そのため，ある特定の理論を前提として現実を理解した場合，その理論枠組みに適合する現実の側面のみを取り上げ，それ以外の複雑な側面は最初から排除することになるのです。その理論の秩序に当てはまらない部分は，最初から切り捨てて，その理論に当てはまる部分のみを解釈していくのです。例えば，それが，精神分析のように，19世紀後半ヨーロッパの一地域の特定階層を対象にして提案された理論であった場合，現代の日本社会で生じている事例については，その理論枠組みで把握できる現実は非常に限られたものとなってしまっているでしょう。

4 おわりに

　では、理論を前提としないで、事例の問題を理解するには、どのようにしたらよいでしょうか。そのためには、まず"現実の複雑性"を前提とすることの重要性を強調したいと思います。つまり、現実は複雑であり、しばしば矛盾を含むものであることを前提としたうえで、その複雑性をいかに理解していくかが臨床心理アセスメントのポイントとなると考えるのです。そもそも現実自体が複雑です。ましてや、問題が生じている事例の現実となると、そこにはさまざまな葛藤、矛盾、混沌が含まれています。当事者を含めて、さらに専門家も含めて、関係者がそれぞれの基準で問題に対処しようとしてきた経緯があります。それが現実をさらにいっそう複雑にしています。そのように複雑に絡み合った事例の現実をいかに把握し、それを分析し、問題を明らかにしていくのかが、臨床心理アセスメントの目標となります。そして、そのためにアセスメントの方法を発展させることが必要となっているのです。

　このような見解に対しては、「そもそも理論を離れて、問題を理解することなど可能であろうか」という疑問が出てくることになるでしょう。さらに、「事例の現実とは、どのようなことを指すのか」「そもそも、現実といったものは複雑すぎて把握できないのではないか」といった反論が出てくることも予想されます。本講義シリーズでは、このような疑問や反論に答えることを目標として、アセスメントの進め方を解説していきたいと思っています。

❖さらに深く理解するための文献

1)『テキスト臨床心理学1・理論と方法』誠信書房，
　下山晴彦（編訳），2007

　臨床心理学においてはさまざまな理論や方法があること、そしてそれをどのように組み合わせて最も望ましい問題理解や介入方法を選択するのかについての基本的な枠組みが解説されている書物である。また、生物－心理－社会モデルに基づく臨床心理アセスメントの具体的方法が解説されているので、本書の基本テーマに沿って実践していく手続きを知ることもで

きる。さらに，本書は，多くの国で翻訳され，臨床心理学関連の基本テキストとしては世界で最も売れているとされており，その点で世界の臨床心理学の発展を知るうえでも大いに参考となる。

2）『テキスト臨床心理学2・研究と倫理』誠信書房，
　　下山晴彦（編訳），2007

　臨床心理学は，エビデンスベイスト・アプローチに基づき，本当に役立つ問題理解と介入方法を明らかにし，アカウンタビリティのある実践活動を社会に示していくことが課題となっている。本書は，そのようなエビデンスベイスト・アプローチの基礎となる効果研究の成果をまとめたものである。また，臨床心理学が社会的専門活動となる前提である法律や倫理についても詳しく解説されている。最も有効な介入法を選択するという，臨床心理アセスメントの目的の重要性を知るうえでも大いに参考となる書物である。

第 2 章

医学的診断を超えて

> 第5回講義

何を問題とするのか

1 はじめに

　前回講義では，不登校事例の検討を通して，現実の複雑性を包含する問題理解の重要性を論じました。臨床心理士が対象とする事例の現実は，複雑極まりないといえます。そのため，事例において何が問題なのかを考える際には，さまざまな基準を統合して問題を多元的に理解していくことが有効となるわけです。第4回講義では，その基準として適応的，理念的，標準的，病理的という4種の基準があることを紹介しました。

　今回の講義では，その4つの基準が，単に事例における問題の所在を理解するためだけでなく，介入に向けての計画を立てていくうえでも重要な枠組みを提供するものであることを解説します。アセスメントの枠組みが多元的であることは，臨床心理学が多様な問題を対象とする活動として発展する可能性を開くことになります。臨床心理アセスメントの枠組みの多元性は，臨床心理学が広範囲な問題を扱うための幅広い入口となるのです。

　そして，その多元性こそが精神医学の診断や治療を超える臨床心理学の独自な活動を保証するものともなります。なぜならば，上記の4つの基準を前提とした場合，精神医学的診断や治療が準拠するのは，原理的にいうならば，第4の病理的基準のみであるからです。それに対して臨床心理アセスメントでは，4つの基準のいずれも関わってきます。その点で臨床心理アセスメントが対象とする範囲は，精神医学的診断を超えている面があるのです。今回は，そのような点も含めて臨床心理アセスメントの独自性を明らかにしていきます。

2 臨床心理アセスメントの独自性を生かす

問題は作られる

　第4回講義で指摘したように，「心理的な問題とは何か」，あるいは「心

理的な正常と異常の区別はどういうものか」に関する判断は，臨床心理アセスメントや精神医学的診断といった専門的判断をする以前に，日常場面ですでになされています。例えば，「自分はおかしいんじゃないかと思う」「もう気が滅入ってやっていけない」とか，あるいは「あの人，気が変じゃないの」「あのようなことするなんて，きっと病気だよ」「正気じゃないよ」「どうみても普通じゃないね」「気が狂ったんじゃないの」といった日常表現で示される判断が，それに相当します。通常，人が臨床心理機関や精神医療機関に来談する場合，あるいは他者に来談するように勧める場合には，このような日常的な判断が関わっているはずです。

　それに対して臨床心理機関が事例の受付けをし，アセスメントをする場合には，上記の日常的判断とは異なる視点からの専門的な問題理解をすることになります。つまり，その事例における問題とは何かを臨床心理学の専門的立場から理解して介入の方針や方法を形成するのです。その際，担当する臨床心理士の学問的見解や経験などが，その専門的な問題理解に影響を与えることになります。ここで，アセスメントを担当する臨床心理士がどのような枠組みで事例に関するデータを収集し，そして問題を理解していくのかが，基本的に重要となります。

　したがって，事例を受付け，そしてアセスメントを行う場面では，クライエント（事例の当事者，あるいは関係者）の側の日常的コンテクストにおける問題理解と，臨床心理士の側の専門的な問題理解が交錯することになります。そこで，臨床心理士は，クライエントの日常的な問題理解を把握し，それを考慮に入れたうえで，データを収集し，専門的な問題理解を発展させることが求められます。そして，クライエントの判断と，自らの専門家としての問題理解をすり合わせて社会的な判断をするのです。それをクライエントに示し，協議をし，同意を得たうえで介入に向けての方針や方法を構成していくことになるわけです。ここにおいてクライエントの問題理解と臨床心理士の問題理解が交錯することになります。

　その際，（特に事例の当事者ではなく，関係者の場合）クライエントの問題理解には，自分が関連する状況を臨床心理の対象事例とすることで，自らの立場を有利にしようとする意図が隠されていることも多々あります。例えば，夫婦の不仲を隠すために子どもの心理的問題をことさらに取り上げようとする親がいます。また，自己の欲望を満たすために臨床心理機関を利用しようとする狙いが含まれている場合もあります。例えば，性的な好奇心を満たすために若い女性のカウンセラーがいる心理相談に通う者も

います。このような隠れた意図も含めて臨床心理士は、クライエントの問題理解と自らの問題理解をすり合わせていく必要があります。

クライエントが医師などの他の専門職にすでに相談している場合には、クライエントの問題理解には、その専門職の見方が取り入れられている可能性が高くなります。また、クライエントが他の専門職から紹介されてきたり、他の専門職と協働して介入したりする場合には、他の専門職の問題理解が重要な意味をもってきます。そのような場合には、クライエント自身の問題理解に加えて他の専門職の問題理解ともすり合わせていく必要が出てきます。

元々臨床心理士は、自らの依拠する理論に従って、つまり理念的基準に従って問題理解をする傾向があります。それに加えてクライエント自身の問題理解や他の専門職の問題理解も考慮する必要も出てくるわけです。そうなると、それぞれの問題理解が優先されることになり、その結果、臨床心理アセスメントは、事例の現実を離れて、あるいはその一部のみを取り上げて結論が導き出される危険性が生じてきます。それが、クライエント主導によるものか、臨床心理士の主導によるものか、あるいは両者の共謀によるものかは別にして、事例の現実からずれた問題理解が形成される危険性が常にあるのです。

なお、臨床心理士の側が、既存の理論に依拠するのではなく、いわゆるエビデンスベイスト・アプローチに基づいて客観的なデータを収集するにしても、事例のどのような面に注目するかによって問題理解は偏ったものになる危険性をともないます。その点で臨床心理アセスメントを通して提示される問題は、常に作られたものになる可能性があるのです。

精神医学的診断との違い

このような臨床心理アセスメントの特徴は、精神医学的診断と比較するとさらにいっそうはっきりしてきます。なぜならば、精神医学的診断においては、判断の基準が明確に決まっているからです。

もちろん、現在の精神障害分類に関しては信頼性や妥当性にはさまざまな限界があり、診断基準としては絶対なものではありません。後述するように、病因が明らかではなく、それが真の意味で疾患といえるのかに関しては大いに疑問が残る精神障害も少なからずあります。実際のところ、DSMの診断基準そのものが、精神障害の病因が明らかでないがゆえに"操作的に"作られたものであるという面もあります。また、患者が意図的に

虚偽情報を流し，病気を装うということも可能です。そのために虚偽性障害という"診断分類"もあります。広い意味で転換性障害や心気症なども患者によって作られた面もあります。しかし，それらは，れっきとした病気として位置づけられます。さらに，重複診断（comorbidity）などがみられるために診断の信頼性が低い診断基準があり，診断に誤りが生じることも少なからずあります。

　このような限界があるものの，精神医学では，対象となる問題を病気，あるいは精神障害として判断する基準は明確に定められています。少なくともDSMでは，それが操作的基準として示されています。したがって，精神医学的診断においては，その操作的基準に従ってデータを収集し，そのデータに基づいていずれかの分類に当てはめる判断は，確定した手続きに従って行われます。その点で診断が作られるという可能性は，臨床心理アセスメントに比較すれば，相当に低いといえます。だからこそ，精神医学的診断は，心理的問題に関して公式の判断として社会的に認められているということになるのです。逆に精神医学は，心理的問題を疾患として公式に規定する資格を社会的に認められているからこそ，診断が相対的であることは許されないともいえます。

　いずれにしろ，そのような精神医学的診断に比較するならば，臨床心理アセスメントは非常に相対的なものといえます。分類の基準が明確でないうえに，クライエントの意図と臨床心理士の理論などによって問題が作られてしまう可能性もあるからです。では，臨床心理アセスメントは，問題を作ってしまう可能性を含むという点で，精神医学的診断に比較して劣ったものであるのでしょうか。

　この点に関して私は，そうは思いません。そもそも臨床心理アセスメントと精神医学的診断では評価する基準が異なっているからです。あくまでも精神医学は医学です。したがって，精神医学的診断は，身体医学に倣ってできる限り病理的異常に関する明確な基準，つまり客観的で絶対的な基準を目指すべきです。そのために診断の妥当性や信頼性，そしてそのための生物学的病因を明確にすることが義務となります。その点で精神医学者は，生物学的病因を探求するのが本筋です。

医学的診断を超えて

　臨床心理アセスメントでは，精神医学的診断とは異なり，相対性と協働性が本質となります。むしろ，これは，精神医学的診断とは反対の極とも

いえます。上述したように臨床心理アセスメントでは，さまざまな判断や理解の基準があります。クライエント自身も，日常的判断をしており，それが臨床心理士の専門的判断に入り込んできます。そこには，クライエントの主観が臨床心理士の問題理解に入り込んでくる余地があります。しかも，臨床心理学の判断基準は独立したものではなく，他の専門職の問題理解を考慮に入れる必要もあります。このように臨床心理アセスメントには，さまざまな判断基準や問題理解が入り込んできます。そして，さまざまな基準は，時には矛盾することもあります。その点で臨床心理アセスメントは，相対的です。そこに臨床心理アセスメントが現実を歪める作り物になる危険性も含まれることになります。

しかし，逆に多元的基準を活用して事例の現実を多角的に理解していった場合，臨床心理アセスメントは，精神医学ではカバーできない問題の多面的な理解が可能となります。また，絶対性や独立性を求めない臨床心理アセスメントは，クライエント（当事者や関係者）だけでなく，他の専門職も含めての協働作業を通して問題のメカニズムを探っていくことを可能にします。現実はさまざまな人々の交流によって構成されるという社会構成主義の考え方に基づくならば，臨床心理アセスメントは，協働性によって作為性を超えた現実性を獲得できるともいえます。このように臨床心理アセスメントは，さまざまな見方を組み込んで事例の現実を多元的に把握していくという点では，操作的定義という，人工的な枠組みで問題を割り切ろうとする医学的診断を超えて，多角的で柔軟な問題理解が可能となるのです。

では，事例の現実を歪めるのではなく，事例の現実を明らかにするには，どのようにしたらよいのでしょうか。それは，これまでも繰り返し指摘したように，現実の多元性を前提として，多様なデータを収集する作業を行うことです。そして，そのためには，多様なデータを収集する枠組みとして臨床心理士が多元的な視点をもっていることが重要となります。つまり，単にひとつの視点しかもちあわせていない場合には，複雑な事例の現実を理解するには限界が出てきます。そこで，個々の視点の限界を踏まえたうえで，複数の視点に基づくデータを収集し，それらを組み合わせて，対象となっている事例の現実に関する多元的な理解を構成することが必要となります。したがって，さまざまな視点の特徴と限界を心得て，それらを組み合わせていくことが臨床心理アセスメントの専門性となります。

ただし，それは，単にどのようなアセスメント技法を組み合わせてテス

トバッテリーを組むのかというレベルの話とは異っています。むしろ，その前提となる臨床心理士の視点や枠組みのレベルの話です。そのような多元的な視点に基づいてはじめて，臨床心理学の個々の理論や知識，そして技能の相対的な位置づけが理解でき，そのうえで適切な方法を選択し，それらのデータを総合していくことが可能となります。

3 クライエントとの協働作業としてのアセスメント

多元的な視点を提供するものとして，第4回講義で紹介した適応的基準，理念的基準，標準的基準，病理的基準が役立ちます。専門職も含めて人々は，それぞれの基準から正常と異常を判断し，問題を理解しています。そこで，臨床心理士も，そのような多元的な視点からデータを収集しようとすることが必要となります。そうすることで，事例の現実を多角的にとらえ，問題の成り立ちを立体的に理解することが可能となるからです。その場合，重要なのは，それぞれの基準の特徴と限界を心得ておくことです。表5-1～5-4にそれぞれの基準の特徴と限界を，改めて詳しくまとめたものを示します。

クライエント（事例の当事者，あるいは関係者）が臨床心理機関に来談する場合には，問題に関するその人なりの判断や理解をもってきます。それが主訴に当たります。臨床心理士は，それを受け止めつつ，事実を確認していくことを通して実際に何が問題となっているのかについての仮説を生成しています。そして，その仮説をクライエントに提示し，相互に検討することによって両者が合意できる問題理解の仮説を構成していくことになります。したがって，臨床心理アセスメントとは，クライエントとの対話を通して問題に関する仮説を生成する協働作業ということになります。そこで，以下において，上記の4つの判断基準を参考として，クライエントとの協働作業をする際に臨床心理士の側で留意する点を確認していくことにします。

問題が臨床心理機関にもちこまれる場合，多くのクライエントは，まず適応的基準によって問題であると判断し，来談します。問題の当事者が来談する場合は，主観的不適応感，つまり心理的苦悩のために来談します。関係者の場合には，当事者の不適応状態について，第三者の立場から社会的基準に基づいての判断となります。その際，規範を逸脱した不適切な状態であるといった理念的基準による価値判断をともなった場合には，問題

表 5-1　適応的基準：適応－不適応

所属する社会に適応しているのが正常で，社会生活が円滑にできなくなったのが異常であるという考え方。

具体的基準：社会的に期待される機能が障害されているか否かによる判断
- 社会的判断：他者によって社会的に機能していないと判断される場合。他者の立場から，他者の都合によって一方的判断を行う場合も多い。
- 主観的判断：本人が自分は社会的に機能できないと判断する場合。苦悩を伴うことが多い。

特徴：一般的に誰もが日常において判断している基準であり，臨床心理士のところにやってくる，あるいは連れてこられる場合の判断は，この基準による。ただし，関係者の社会的判断と当事者の主観的判断が異なることがあり，そのような場合に臨床心理士の側でその違いへの配慮が欠けると事例をいっそう混乱させる危険性がある。したがって，臨床心理士は，事例を始めるに当たっては，事例の当事者や関係者がこの基準に関して，それぞれどのような判断をしているのかを確かめ，それをどのように処理していくかを考慮しておく必要がある。

なお，DSM-Ⅲ以後，多軸診断のひとつとして取り入れられた「機能の全体評価（GAF 尺度）」は，上記社会的基準に相当する。

社会システムの視点からみた適応・不適応の相対性について

社会システムは，そのサブシステムの相互作用によって成立している。したがって，円環的因果律からみるならば，それぞれのシステムはコンテクストを形成しており，システムのある部分だけ取り出して不適応とする考え方はパンクチュエーションの視点に欠け，一面的である。ある個人の不適応としてみるのではなく，その人が所属するシステムの問題とみることの重要性を忘れてはならない。適応的基準にこだわることは，社会システムの相互作用のなかで適応・不適応が産出されるメカニズムを見落すことになるので注意しなければならない。臨床心理士があるサブシステムの不適応を異常と評価することは，その不適応産出のメカニズムを認め，固定化することになる危険性がある。

例：いじめによる不適応は，いじめが発生したクラスや学校システムの問題。不適応となった児童は，スケープゴートとしてシステムの歪みを示しているともいえる。

例：家庭内暴力なども，背景には家族システムの問題があることがほとんどである。

限界

#不適応＝異常といえない場合があること
* 適応とは，その個人の適応力と環境が個人に与えるストレスの相互作用によって決まるものである。したがって，環境のストレスが激しい場合には，むしろ社会的機能が一時的に障害されるのが正常であるとの見方も可能となる。

　　例：外傷後ストレス障害

* 青年は，一般的にアイデンティティの危機という社会的不適応を通して自我の確立をするものであり，ある程度の不適応こそ正常な成長過程とみることができる。逆に青年期において適応的であろうとしすぎることは正常な発達とはいえない側面がある。

　　例：アパシー性人格障害や摂食障害は，適応的な優等生，良い子の歴史をもつ。

第 5 回講義　何を問題とするのか

#適応＝正常といえない場合があること
  *社会環境はさまざまであり，適応している社会環境によって正常と異常が変化する。社会環境そのものが異常な状態にあるときには，適応＝正常とはいえない。
    例：戦争時は，集団ヒステリー状態ともいえる。勇敢な帰還兵が，戦争神経症となり，逆に日常生活ができなくなる場合もある。
    例：猛烈会社員の日常。会社員としては，優秀であるが，家庭人としては？

表5-2　理念的基準：規範－逸脱

判断のための理念体系に基づく規範があり，その規範の許容範囲内で行動している状態を正常とし，その規範から逸脱している場合を異常とする。

具体的基準：判断する人が依拠する理念体系の規範の許容範囲内か否かの判断
　　　論理的判断：法律や理論モデルに基づく規範によって判断する場合
　　　生活的判断：道徳観や社会通念に基づく規範によって判断する場合

特　徴：理念的基準としては，法律のような公式に明文化された体系，あるいは理論モデルのように論理的一貫性をもつ理論体系といった論理的な基準と，生活場面で誰でももっている道徳観，社会通念などの生活的な基準とがあり，その構成度はさまざまであるが，いずれも社会的判断のための価値体系といえる。したがって，判断には何らかの価値判断がともなわれることになる。また，論理的な判断も生活的な判断も，いずれも理念的基準に基づくものであるので，人それぞれどのような理念を選ぶかによって規範の内容は異なる相対的なものである。しかし，それぞれの規範は，判断する人が依拠し，思考や生活の信条として価値をおく規範であるので，判断内容への確信が強く，変更が困難である。
　相談機関に来談する場合，来談者は理念的基準のなかでも主に生活的規範に基づいて異常を判断して来談するが，対応する臨床心理士は主に論理的規範である理論モデルによって異常を理解しようとすることになる。したがって，臨床心理士は，生活的規範と論理的規範の両者の質的な違いを含めて，理念的基準の相対性と固定性を意識しておく必要がある。

理念的基準にこだわることが隠れた対立を生み出す要因となる点について
*理念的基準のなかでも生活的判断は，生活信条として生活のなかに埋め込まれているので，一見しただけではその対立はみえてこない。しかし，各人がそれを根拠として生きている基準であるので，その確信の度合いは強く，それに固執することが混乱の隠れた要因となっている場合が多い。臨床心理士についても，日常的生活で所属する世代や文化の価値観に影響を受け，知らず知らずのうちに，ある特定の理念的基準に共鳴していることが多い。
*生活史を聴くことは，それとはみえにくい，その人の隠された正常と異常の判断に関する理念的基準を探る作業でもある。
*精神分析学をはじめとして臨床心理学には，さまざまな理論モデルがある。それらは，いずれも論理的判断の基準ではあるが，理念的基準という点では相対的基準でしかない。ところが，臨床心理士は，そのような理論モデルを絶対視し，現実に無理に適用する傾向がある。そのような場合，臨床心理士は，臨床心理学の理論モデルによる論理的判断を事例の生活的判断のなかに導入し，押しつけることになる。そのような理論モデルの無理な適用は，事例の生活場面における理念的基準をさらにいっそう混乱させる危険性がある。したがって，臨床心理士は，

理論モデルは単なる理念的基準のひとつでしかないことを常に意識しなければならない。

限界
#理念的基準は人それぞれで異なる
*法律や理論などは論理的に体系化された理念であるので、それに依拠する者からすれば、そのような論理的基準を判断基準とするのは当然に思いがちである。しかし、一般的には、そのような論理的な判断基準をもつ人は少数であって、多くの場合、人はそれぞれの生活史に根ざした固有の生活的判断のための価値基準をもつ。それゆえ、生活場面における正常と異常の判断に関しては、法律や理論に基づく論理的基準で一概に割り切れない場合が多い。

#理念的基準は、時代や文化によって変化する
*理念的基準は、個人個人によって異なるだけでなく、時代や文化によって異なり、その世代や集団を象徴する役割を果たす。
例:登校拒否に関する判断基準の変化。性非行に関する判断基準の変化。
例:同性愛に関する判断の変化。

表5-3 標準的基準:平均ー偏り

集団のなかで平均に近い標準的状態にあるものを正常として、平均から偏差の度合いが強い状態を異常とする。

具体的基準:検査法を用いて多量のデータを収集し、それを数量化し、統計的手法によって平均に近い標準範囲を決定し、それに基づいて判断する。

特徴:標準的基準に関しては、どのような集団を母集団として平均を決めたかによって、正常とされる標準的範囲は簡単に変化する。また、正常と異常という質的な差異を数量化する際に、どのような測度を用いるのかによっても判断の基準は大きく変化する。しかし、標準的基準は、検査法を用いてデータを収集し、統計的な手続きに基づいてデータを数量化して、正常と異常の境界を明確に出すために、一般的には科学的方法に基づく客観的な基準として理解されがちである。このように標準的基準は、相対性が強いものであるにもかかわらず、客観的な印象が強いため、社会的影響力が強くなるという危険性がある。

したがって、臨床心理士は、標準的基準の適用に当たっては、検査法に習熟する努力を行うことはいうまでもないが、どのような検査(測度)を採用するのか、結果をどのように産出するのかについて慎重であるとともに、その影響の強さを考慮して、対象者に適切な説明をする必要がある。

標準的基準の利用上の注意点について
*標準的基準は、統計的手法を用いて正常と異常の客観的な基準の確定をめざすものであり、そのための測度としてさまざまな測定法が考案されている。このような測定法を用いることで、通常把握し得ないデータに基づく判断が可能になるので、臨床心理士は測定法を使いこなせる必要がある。

しかし、心理的な正常と異常の判断については数量化によって把握しきれない側面もあるので、標準的基準を適用する際には慎重な配慮が必要となる。特に標準的基準は、一見科学的装いをまとい、客観的判断を示すようでいて、実際は非常に集団相対性が高く、しかも現実の正常と異常を適切に反映していない可能性

もある。したがって，臨床心理士は，この標準的基準の適用に当たっては，その特質とその限界を理解したうえで適切に用いないと，標準という一般的枠組みで個別事例の特殊性を割り切ってしまい，集団平均や数字ではとらえきれない対象者の個性的な側面を見落としてしまう。しかも，相対的な結果を客観的で絶対的なものとして誤って対象者に押しつけることにもなる。

そのため，施行に際しては対象者に検査の方法と意味を説明し，合意を得たうえで，結果についても，その限界を含めてわかりやすく説明する必要がある。

*投影法などの検査法は，標準的基準による裏づけがあるようでいて，実際は精神分析学などの理論モデルに基づく理念的基準による判断が大きく介在している。

限界
#集団相対性
 * 母集団をどのようにするかによって平均は大きく変化する。しかも，得られた結果は，時代，文化を超えて適用することには限界がある。
    例：MMPIの改定

#検査法の問題
 * 検査によって測定されるのは，人間にある一部の側面（例えば，知能）であって，人間の全体に関する正常と異常を判断する検査法を見出すことは困難である。
 * 投影法などのように対象の個性を測定することを目的とする検査では，妥当性と信頼性が低下し，その結果，判定者の判断が大きく介在する。

#数量化の問題
 * 数量化することは，正常と異常を連続線上に位置づけることになるが，はたして正常と異常とは連続線上の事柄であるのか。そのようにした場合には，正常と異常の質的相違の議論が難しくなる。
 * 正常と異常を連続線上の事柄とした場合，正常と異常の境界をどこに定めるかを決める際の基準は，結果的には決定者の判断に左右されることになる。
 * 標準より異常に偏奇していたとしても，それが平均人よりも高い能力や独創性をもつ場合（例：天才）も異常とされるのかという問題もある。

表5-4 病理的基準：健康―疾病

病理学に基づく医学的判断により，健康と判断された場合が正常であり，疾病と診断された場合を異常とする。

具体的基準：精神病理学に裏づけられた診断分類体系に基づく専門的な判断

特徴：身体医学の場合には，身体的病変や病原菌などの病因を客観的に特定化できるので，病因の特定→疾病の診断→治療という因果関係がはっきりしており，正常と異常の基準を明確に示すことができる。ところが，精神医学に関しては，器質的病因が確定しているのは一部であり，多くの診断はさまざまな情報を総合した推論的判断となっている。ただし，疾病であるとの診断は，医師の専門的判断としてなされるものであり，その点で絶対的な意味をもつ。臨床心理士は，精神病理学体系や診断の推論過程について学ぶことはできるが，診断を行うことはできない。したがって，臨床心理士にとっては，病理的基準に基づく診断を行うことが目的ではなく，病理的基準に関する知識と考え方を心理臨床援助活動にどのように利用するかが重要となる。

病理的基準における類型情報の利用と，その適用の仕方について

* 精神疾患の顕れとして理解できる心理的な異常状態は，数多くみられる。そのような異常状態については，それぞれの診断分類に特有な症状を示し，特有な経過を辿る傾向が強い。精神病理学は，そのような特有な症状と経過についての豊富な情報を提供してくれるので，適切な診断分類の類型情報を事例理解に適用することでその後の見立てが容易になる。ただし，薬物療法を行わない臨床心理士にとって，症状を把握し，診断をすることが心理援助に直結することはない。むしろ，診断分類に含まれる類型情報を利用してその状態を適切に見立てて，必要な心理援助の準備をすることが重要になる。
* 心理的な援助という点に関しては，同じ診断分類であっても個人個人でおかれた状況が異なるので，それぞれの事例の状況に適した具体的判断が必要となる。つまり，診断的分類は一般的抽象的な類型であるので，事例の心理援助を行う際には，その病理的側面をその人の具体的な状況のなかで理解し，個別に適用していく必要がある。

限界

#精神病理学の多様性
　* 精神病理学についてさまざまな見解があり，時代や文化により診断分類体系が異なる場合がある（ドイツ流，フランス流，アメリカ流，精神分析流）。

#病因論から症候論へ
　* 病因についての見解の変化により，次第に病因論的分類から症候論的分類に変化しつつある。疾病の病因が不明のまま症状を決定する場合には，人間の機能を細分化し，その機能不全を症状と定義することになると思われるが，その場合は表5-1の適応的基準と重なる面が出てくる。

#人格障害の位置づけ
　* 精神疾患と健康な状態との境界領域に位置し，慢性的な社会的不適応を示す群として，人格障害が精神医学の診断分類に取り入れられつつあるが，そのような境界領域を認めること自体が疾病と健康の基準の曖昧さを示すものといえる。

#精神疾患と精神障害の区別
　* 病因が不明なまま，さまざまな不適応状態（例：学習障害，性および性同一性障害，虚偽性障害，適応障害，不安障害，人格障害など）が精神障害（mental disorder）として精神医学の対象に組み込まれている。しかし，実際にはどこまでが医学によって判断される精神疾患であるのかが不明確である。例えば，行為障害や性的サディズムといわれる状態が，疾病としての精神障害であるのか，あるいは上記適応的基準や理念的基準で著しく偏奇した性格でしかないのかについての厳密な議論がなされないまま，病理的基準による越権行為が行われているとみることもできる。乱暴な子どもや性的に偏った嗜好をもつ者は数多くいる。しかし，それらは，単純に病気としての精神疾患とはいえない側面がある。したがって，何をもってそのような不適応状態を病気としての精神疾患と判断するのかについての基準が明確ではない。それにもかかわらず，病理的基準は専門的権威となっているので，社会的影響力が強い。その点で社会的に不適応な状態に関して医学の判断の範囲の限度を再確認する必要があるともいえる。ちなみに，DSM-Ⅳの日本語訳では，mental disorder は「精神疾患」と訳されている。

はさらに複雑になります。例えば，思春期や青年期の事例の場合，社会的役割が不安定で，不適応になりやすいのが一般的です。しかも，既成の社会的価値への反抗が思春期や青年期の特徴でもあります。そのため，当事者が若者であった場合，本人が問題ないと判断している出来事でも，親や教師といった関係者が古い価値観からその若者の行動を由々しき問題であると判断する場合があります。例えば，性的な事柄に関する価値判断は，若者と成人では異なってきます。若者が性的関係を奔放にもつことを問題ないとは思っていても，親や教師がそれを不純異性交遊として問題視することも生じてきます。若者にあっては，親や教師などの関係者との間でズレが生じるのがむしろ自然ともいえます。しかし，そのようなズレ自体が混乱を引き起こしていることもあります。

　社会システム論の視点からは，下位システムの誰かを不適応とし，それを問題とすることで，上位システムの平衡を維持しようとする作為が働いている場合も多々あります。例えば，夫婦仲が悪いのに，それから目を逸らすために子どもの問題に注目する場合や，クラスが崩壊し，いじめが起きているのに，それから目を逸らすために虐められている子どもの心理的問題を指摘するといった場合がそれに当たります。そのような場合には，問題は，単に個人の不適応ではなく，システム全体の問題としてみていく視点が必要となります。

　また，クライエントが価値的基準で問題をとらえている場合には，その人の生活的価値基準に基づく判断をしていることになります。それは，その人が信じている道徳観や社会的見解といった生活上の規範に基づく判断となります。いいかえるならば，生活していくうえで信条としている信念（認知的構え）に基づく判断です。そこには，いわゆる不合理な信念，つまり思い込みが入り込んでいます。それに対して事例を受付ける臨床心理士が何らかの理論を信奉している場合，その理論を拠り所とする理念的基準に基づいて対応することになります。それは，専門的理論モデルといった規範に基づく理論的価値判断です。このような場合，価値基準のレベルで両者が葛藤を起こすことになります。したがって，臨床心理士は，理論的価値基準に基づいて問題をとらえるべきではないのです。しっかりとデータに基づき，事実としてどのような要因が絡み合って問題が成立しているのかを探っていくことが重要となります。

　このように，単純に適応的基準や理念的基準に頼っていたのでは，客観的判断は難しくなります。むしろ，いずれかひとつの基準に拘ることは，

そのズレ自体を助長することになりかねません。当事者だけでなく，関係者も含めてさまざまな情報を収集して多元的に問題を理解していく必要があります。さらに，当事者や関係者からの情報だけでなく，判断する臨床心理士自身が社会的場面においてどのような不適応状態が起きているのかを実際に観察し，データを得る作業が必要となる場合も出てきます。

　臨床心理士が専門的な判断をするために検査法を用いて対象となる事態の偏りを客観的に把握しようとすることもあります。その場合には，標準的基準が用いられることになります。ところが，標準的基準には，表5-3に示したように，集団相対性の問題，検査法の問題，数量化の問題など，実際にはさまざまな限界があるのにもかかわらず，心理検査や知能検査は，科学的装いが強いだけに，一般的には客観的判断をされてしまう可能性が高くなります。ここでも，当事者や関係者と臨床心理士との基準の重ね合わせが必要となります。

　さらに，クライエントの多くは，専門的判断として問題に対する病理的判断が下されることを予想したり，期待したりしているものです。一般的に病理的基準は，医学体系に基づく専門的基準であり，社会的影響を受けにくい普遍的基準であるとみなされています。したがって，病理的な判断をし，レッテルを貼ることで問題を病理として収め，とりあえず納得したい，あるいは安心したいという気持ちが，クライエントの側だけでなく，臨床心理士の側にも働きがちです。しかし，実際には，DSMの診断分類のほとんどは，生物学的な病因が見出されていないまま，それが精神障害として記載されているものです。したがって，学習障害や行為障害などを含めて，精神障害といっても，医学的な意味で疾患といえないものも多分に含まれています。しかも，DSMの邦訳では，Mental Disorderが，精神障害ではなく，「精神疾患」と翻訳されてしまっています。このような点を考慮するならば，常に病理的基準の背景にある生物学的要因の限界と，そのような診断をすることで当事者が受ける社会的影響を考慮した判断が必要となります。

4　おわりに

　このように多元的な視点から事例の現実を把握し，問題の理解を深めることが必要となります。その際に重要となるのが，多様な視点を統一する枠組みです。それぞれの視点をバラバラにもっていたのでは，データの収

集も，またその分析も混乱したものとなります。さまざまな視点を統一的に，あるいは体系的にまとめていく核となる枠組みが必要となります。そのような枠組みを活用して問題に関する仮説を生成し，それを事例の当事者や関係者に伝え，同意を得るための協働作業をしていくことになります。

それは，事例が生起した生活場面にアセスメントの結果を戻していく作業ともいえます。アセスメントの結果が事例の生起した生活場面，つまり事例の当事者や関係者が生活しているコンテクストからかけ離れたものでは，何も意味がないことになります。アセスメントの結果は，それを当事者や関係者に伝えることを通して，問題が生じた生活のコンテクストに位置づけられたときにはじめて臨床的な意味をもつのです。そして，それが，意味ある臨床心理学的介入につながっていくのです。このような多様な視点を統一する枠組みとして生理－心理－社会モデルがあります。本講義シリーズでは，これを問題理解のための基本的枠組みとして採用することにします。

❖さらに深く理解するための文献

1）『講座臨床心理学3・異常心理学Ⅰ』東京大学出版会，
　　下山晴彦・丹野義彦（編），2002
2）『講座臨床心理学4・異常心理学Ⅱ』東京大学出版会，
　　下山晴彦・丹野義彦（編），2002

　臨床心理学でも重要となる精神障害についての心理学研究の成果をまとめた書物である。精神障害については，生物学的側面から精神医学研究が発展している。それと同時に心理学研究もさまざまな観点から精神障害の心理メカニズムの解明に貢献している。本書で紹介されている異常心理学の研究成果を知ることで，臨床心理アセスメントの幅が大いに広がる。逆に本書で紹介されている異常心理学の知識を知らないで臨床心理アセスメントを実践することは，倫理的観点からも専門職として許されないことである。

3）『精神疾患はつくられる』日本評論社，
　　高木俊介・塚本千秋（監訳），2002

　現在，日本の臨床心理学においても基本的な枠組みとなりつつあるDSM

の診断分類の限界と問題点を指摘した書物である。精神疾患自体が社会的な構成物であり，その背景にはさまざまな思惑が交錯しているのも事実である。その点で臨床心理士は，精神障害の診断分類を知悉するとともに，その相対性や弊害も併せて知っておくことが必要となる。そのような視点をもつことが臨床心理アセスメントをより的確に実践する基盤となるであろう。

第6回講義

障害を問題理解に組み入れる

1 はじめに

　第4回の講義では，現実の複雑性を強調しました。臨床心理アセスメントは，そのような複雑な現実を理解するため多様な情報の収集が重要となります。また，第5回の講義では，医学的診断を超えて多元的な情報を組み込んだ問題理解こそが臨床心理アセスメントの独自性であることを指摘しました。

　しかし，問題を多様な観点から理解しようとしても，アセスメントの作業を的確に実行できなければ，逆に多様な情報が混乱を招くことになります。多様な情報を整理できないために混乱が生じるわけです。特に問題のなかに精神障害をはじめとする何らかの障害が含まれている場合には，事例の状況は複雑な様相を呈しています。したがって，障害が関連する問題のアセスメントを行う場合には，慎重にデータの収集と分析をしていかなければなりません。

　臨床心理アセスメントでは，どうしても精神障害などの何らかの障害を含む問題行動を対象とすることが多くなります。特に精神医療の臨床現場では，統合失調症，うつ病，不安障害だけでなく，人格障害，知的障害，発達障害を含む精神障害が心理的問題と深く関わっています。また，近年では，癌，心臓疾患，脳損傷などの身体疾患と関連する障害のケアを臨床心理士が担当することも多くなっています。このような障害は，原因として生物的要因が深く関わっています。そして，それは，心理的側面や社会的側面にもさまざまな影響を及ぼすことになります。その結果，生物的要因，心理的要因，社会的要因が複雑に絡み合って複雑な状況を呈することになるわけです。

　そのような場合には，障害を組み入れた包括的な問題理解が必要となります。問題を包括的にとらえる枠組みとして必要となるのが，第2回の講義で紹介した生物－心理－社会モデルです。しかし，残念ながら，日本の臨床心理学では，この生物－心理－社会モデルが十分に取り入れられてい

ません。そのため，何らかの障害をともなった事例に対して的確なアセスメントと，それに基づく介入法を発展させることができないでいます。したがって，日本の臨床心理学では，生物－心理－社会モデルを用いて障害を問題理解に組み入れていく方法を発展させることが，主要な課題となっています。

本講義シリーズでは，この点を考慮して，障害をどのように臨床心理アセスメントに組み入れていくのかを示すこともシリーズの目標に掲げることにしました。今回の講義では，障害をどのように理解するのかをテーマとして，問題提起をすることにします。まずは，障害を伴う事例の実際を具体的に示すために，不登校という問題行動を示した事例をみていくことにします。これも，複数の自験例を組み合わせて創作した事例です。読者の皆さんは，事例で示された問題行動がどのようにして起きたのかについての仮説を生成することを心掛けながら，下記のエピソードを読んでみてください。

2　事例　アキラ君

小学校6年生のアキラ君は，不登校が続いているということで，学校の担任からスクールカウンセラーである臨床心理士に紹介されてきました。

担任の話によるとアキラ君は，小学校5年のときに地方の小学校から転校してきた時点ですでに問題行動を示す生徒であったとのことです。偏食が多いアキラ君は，給食を残すことが多かったのですが，それを同級生にからかわれてパニック状態となり，からかった子に殴りかかった後に家に戻ってしまうことが何回か続きました。

また，クラスでは一番前の席に座ることに強い拘りがありました。以前の小学校ではそれが認められていたということで，母親は新しい学校でもそれを希望しました。しかし，学校側としては，それを"我がまま"とみなし，特別扱いはできないと認めませんでした。それに反応してアキラ君は，学校に行っても理科室に入って出なくなってしまいました。教師に説得されても頑として聞き入れませんでしたので，学校側は，しぶしぶそれを認めました。ところが，同級生がそれを不満に思い，アキラ君の椅子や机を隠

して，彼が理科室から教室に戻ってきても居場所がないようにするといった虐めが生じました。元々同級生と交わることが少なかったアキラ君は，ますます孤立し，次第に不登校となり，家にひきこもるようになったのでした。

　アキラ君は学校に対して被害的になっており，スクールカウンセリングに来談する可能性は少ないようでした。そこで，臨床心理士は，まず母親に来談してもらいアキラ君の状態を尋ねることにしました。母親の話によるとアキラ君は，小さい頃から不思議な子どもであったということです。1歳までは手のかからない子どもでした。人見知りがない代わりに母親への強い愛着もなく，一人遊びを好んでしていました。2歳頃には音にとても敏感で，特に大きな音には怯えて震えることがしばしばありました。言葉が出るのが遅く，3歳頃まであまり喋ることはありませんでした。数字に拘り，目に留まる数字を何でも暗記するということもありました。一人遊びを好み，幼稚園に行っても他の子どもと交わることは，ほとんどありませんでした。

　しかし，田舎のおっとりとした幼稚園であったこともあり，いつもニコニコしているアキラ君は，園児の人気者で特に登園を嫌がることもありませんでした。小学校に入り，ゲームに熱中し，その関係で話す友人も少ないながらもいたようです。国語や体育が苦手でしたが，算数や理科が得意で成績も優秀なアキラ君は，風変わりではありましたが，同級生から一目おかれる存在でした。そのようなアキラ君の様子が変わってきたのは，父親の転勤で地方の学校から都会の学校に転校してからでした。

　転校先の学校に行かなくなっても，アキラ君は，母親にその理由を何も話すことはありませんでした。家ではゲームをするか，好きな算数の参考書の問題を黙々と解いているかといった生活がしばらく続きました。母親は，そのようなアキラ君については，何をいってもいうことを聞かないことはわかっていたので，諦め状態でした。しかし，父親は，学校に行かないアキラ君を認めずに，怠けているだけだとみなして学校に無理やり連れ出そうとしました。アキラ君は，それに強く抵抗し，父親を避けて自室にひきこもるようになりました。最近では，昼夜逆転し，昼間は暗くした部屋でボーッとしていることが多くなっていました。食欲も

減退し，ため息をつくことも多くなっています。

　そこで，アキラ君の状態を心配した臨床心理士が家庭を訪問し，アキラ君に話を聞きました。アキラ君は，自分から話をすることはありませんでした。視点を合わすこともなく，コミュニケーションを避ける傾向がありました。臨床心理士の問いかけに肯くことがある程度です。そのような微かなコミュニケーションからわかってきたことは，アキラ君は学校に適応できない自分をダメな人間とみなしており，何に対しても意欲を喪失しているということでした。また，自分を周りの人と違う"いけない者"とみなし，疎外感を強くしていることもわかってきました。

　さて，読者の皆さんは，アキラ君の問題をどのように理解したでしょうか。皆さんならば，さらにどのような情報を収集するでしょうか。もしアキラ君に何らかの障害があるとすれば，それはどのようなものでしょうか。障害の種類がわかれば，それで問題が理解できることになるでしょうか。

3 障害を特定する

発達障害

　アキラ君の場合，単純に虐めによる不登校の問題とみなすことはできません。というのは，虐めや不登校という問題が生じる素因として発達障害が想定されるからです。発達障害とは，発達期（子どもの時期）に現れる非進行的な経過の，脳機能障害から生じる，主に精神発達の遅れや歪みを示す障害の総称であり，具体的には「自閉症，アスペルガー症候群その他の広汎性発達障害，学習障害，注意欠陥／多動障害その他これに類する脳機能の障害」と定義されるものです。このように発達障害は，脳における，何らかの器質障害を原因として生じるものとされています。

　ただし，発達障害という概念が広まったのは比較的最近のことです。1987年の米国における精神障害の診断分類であるDSMの第3版の改訂版で「乳幼児期，小児期もしくは青年期に通常初めて診断される障害」といった大項目のなかに発達障害（Developmental Disorders）が登場しました。その際の定義は，「主要な障害が，認知，言語，運動，あるいは社会的技能の獲得に見られること，経過は慢性の傾向にあり，寛解や悪化の時期はな

表 6-1　アスペルガー症候群の判断基準

A：対人的相互作用の質的な障害（以下のうち少なくとも2つ）
・非言語的コミュニケーション（例：表情）が未発達
・年齢相応の仲間関係を作ることができない
・楽しみや興味などを他者と共有できない
・他者との相互的情緒交流の欠如
B：興味が限定的で、活動が常同的（以下のうち少なくとも1つ）
・ある特定の興味にのみ、異常なほど熱中する
・適応的でない、特定の習慣や儀式にかたくなに拘る
・奇妙な身体運動を常同的に反復する
・何らかの物体に持続的に熱中する
＊知的能力、言語能力に遅れはないが、社会生活で問題を起こしている

く，いくつかの徴候は成人期まで持続する」とされていました。ここにおいて発達障害が病理的基準として正式に取り上げられたわけです。その後，発達障害の概念が一般化し，発達障害と診断された子どもたちがさまざまな問題行動を示し，不登校や学級運営の混乱（学級崩壊）の原因になるとも指摘されるようになりました。そのようなことを受けて，わが国においても2005年に発達障害者支援法が施行されました。

アキラ君は，発達障害のなかでも広汎性発達障害（自閉性障害）に相当することになります。広汎性発達障害とは，意思伝達の質的障害（言語・コミュニケーションの障害），対人相互作用の質的障害（社会的関係を築くことの障害），興味や活動の限定・常同行動（柔軟な想像力と行動の障害）の3種類のいずれもみられる場合として定義されます。ただし，この広汎性発達障害という診断分類には，概念上の混乱がみられます。当初は，脳の器質障害を想定し，明らかな発達の偏りがみられる者のみを対象として精神障害の分類に記載されていました。ところが，その後，次第に軽度の状態や正常との境界領域の自閉傾向と呼ばれる状態をも取り込むようになりました。そのような状態のひとつとしてアスペルガー症候群があります（アスペルガー症候群の判断基準については，表6-1を参照）。

アキラ君は，このアスペルガー症候群に相当する状態といえます。アスペルガー症候群は，上記の広汎性発達障害の3特徴をもちながらも知能が平均か，平均以上で言語に遅れがない場合です。したがって，対人コミュニケーションなどの社会的能力に質的な問題を抱えながらも，障害が明確なかたちで把握されず，青年期に至るまで問題がみすごされることが多いのがアスペルガー症候群の特徴でもあります。その点でアスペルガー症候

群は，それとして明確にみえにくい障害といえます。青年期になってはじめて"社会"に出会って問題が発見されることになるわけです。ただし，アスペルガー症候群を抱えた子どもが平穏な生活を送れるかというと，そうではありません。何らかの脳の器質障害，つまり生物的要因を素因とする社会的能力の障害のために，社会的場面における孤立，さらには虐めなどの困難に直面することが多くなります。

　アキラ君は，社会的能力の障害を抱えていましたが，地方で暮らしていたときには，周囲の人々ののんびりとした雰囲気のなかで受容されていたこともあり，大きな問題行動を起こすことはありませんでした。しかし，都会に引っ越した後に，彼の社会的能力の障害は周囲との摩擦を起こしていくことになりました。学校との対立や虐めという社会的要因によって，不登校とひきこもりが生じ，さらなる社会的能力の低下をもたらすことになりました。また，教員や同級生からだけでなく，家族（特に父親）からの無理解も加わって自尊心の喪失，自己否定，被害感などの自己認知の歪みが生じてきました。そのような心理的要因によって抑うつなどの精神症状も生じていました。生物的要因による社会的能力の障害を１次障害とするならば，社会的要因によって生じた不登校やひきこもりなどの社会的能力の低下，あるいは自己否定や抑うつなどの心理的問題は，２次障害といえるものです。アキラ君の場合は，１次障害よりもむしろ２次障害によって生活機能が大きなダメージを受けたとみることができます。

障害を問題理解に適切に組み入れる

　上記の事例では，教員も家族も発達障害の知識がなく，問題の原因をアキラ君の"我がまま"や"怠け"という心理的要因に帰そうとしました。それによって２次障害である自己否定や抑うつが生じ，それまでできていた学校に通うという生活機能の障害が引き起こされてしまいました。このように問題の素因となっている障害が同定されない場合には，人格の問題とみなされ，社会的に追い込まれ，２次障害が生み出されていることがしばしば生じます。アスペルガー症候群のようなみえにくい障害であれば，ますますその危険性が高まるわけです。そのような場合は，生物的要因に由来する器質障害ではなく，むしろ周囲の人々に理解されないという社会的要因によって問題が発生し，悪化し，維持されていくメカニズムが生じているのです。

　実際，アキラ君の場合，地方の幼稚園や小学校では，他の子どもとあま

り交じわらないという，風変わりなところはありましたが，集団には受け容れられており，得意な算数や理科では能力を発揮していました。学校に通うという生活機能は，何も損なわれていなかったのです。おそらく，その頃の自己イメージも，それほど悪いものではなかったと思われます。むしろ，問題行動が起きてきたのは，転校した都会の学校に溶け込めなかったことが直接の原因となっています。彼の発達障害の行動特徴が理解されなかったことにより，パニックが引き起こされ，対人回避への拘りが強化されました。さらに虐めを受けたことで自己イメージの悪化，孤立感，抑うつ感が出てきています。これは，2次障害です。それによってひきこもりがさらに悪化し，生活機能の障害が起きてしまいました。

　では，アキラ君が発達障害を抱えていることがわかったとしたなら，問題が起きなかったのでしょうか。それも，単純に起きなかったとはいえないでしょう。というのは，アキラ君の社会的能力の障害を理解し，それに適切に対応した支援がなされなければ，社会的な問題が起きてくる可能性が高いからです。さらに，器質障害に由来する発達障害という烙印が押されることで社会的な差別を受ける可能性もあります。器質障害であるので，変化や成長の可能性がないと誤解される危険性が多分にあります。例えば，アスペルガー症候群では領域によっては知的能力が優れており，成長可能性が大いにあります。しかし，発達障害という烙印を押されることで，他者だけでなく，本人も自らの可能性を全否定するようになる危険性があります。また，発達障害として特別扱いされることで社会的経験が制限され，社会的能力の発達が妨げられる場合も出てくるでしょう。

　したがって，臨床心理アセスメントにおいて大切なのは，障害の内容を適切に理解し，それが問題の成り立ちにどのように関与しているのかを生物－心理－社会モデルの観点から見極めていくことです。器質障害に由来する問題であっても，社会環境を整えることによって，それが問題ではなくなることはしばしばあります。逆にアキラ君の事例のように，むしろ社会的要因によって問題が生じ，悪化してしまうことも多いのです。さらに，わが国では，そのような問題が生じた場合，心理的問題に原因を帰して，社会的要因を隠してしまうこともあります。周囲の者は，"我がまま"や"怠け"といった性格の問題とします。心理学の専門家は，乳幼児期の親子関係や無意識の抑圧に原因を求める傾向があります。

4 おわりに

　このような状況を考えるならば，障害を抱えて生活をするのを妨げるバリアーが社会環境や人々の心のなかにあるとみることができます。そのようなバリアーが障害を問題化させているといえるでしょう。したがって，臨床心理アセスメントの目的は，生物的要因，社会的要因，心理的要因が絡み合って障害を問題化しているメカニズムを明らかにすることです。そして，心理的側面への介入を通してバリアーを取り除き，障害を問題化するメカニズムを改善していくことが臨床心理学の専門活動の目的といえるでしょう。

❖さらに深く理解するための文献

1）『テキスト臨床心理学5・ライフサイクルの心理障害』誠信書房，
　　下山晴彦（編訳），2007

　今回の講義で話題となった発達障害をはじめとして，人生の発達段階で起きてくる障害を紹介している書物である。特に発達過程で起きてくる障害は，典型的な精神障害とは異なり，発達の遅れや偏りとも重なり合って生じており，単純に精神障害として割り切れない側面をもつ。そのような場合にこそ，的確で繊細な臨床心理アセスメントが求められる。

2）『心理援助の専門職として働くために―臨床心理士・カウンセラー・PSWの実践テキスト』金剛出版，
　　下山晴彦（監訳），2004

　今回の講義でも指摘されたように，心理的問題が顕著であっても，実際には生物的側面，心理的側面，社会的側面が密接に関連し合って問題が成立し，継続されている場合がほとんどである。そこで，問題の介入に当たっては，臨床心理士であっても社会的状況に積極的に関わっていくことが求められている。本書は，そのような社会的場面に関わる際の発想と基本スキルがまとめられている。社会的コンテクストを考慮した臨床心理アセスメントをするための基本的な態度を養うために参考となる書物である。

第7回講義

生活の観点から
問題を統合的に理解する

1 はじめに

　病気や障害によって何らかの問題が生じた場合，私たちは，その問題を抱えながら生活をし，歳を重ねていくことになります。つまり，病気や障害を抱えながら，生活し，ライフサイクルを生きていくことになるわけです。したがって，ライフサイクルの観点を取り入れるということは，病気や障害をそれだけで独立したものとして理解するのではなく，生活全体のなかに位置づけ，それとの関連で病気や障害の意味を探っていくという発想の転換をともなうことになります。

　この発想の転換は，生物－心理－社会モデルにも通じるものです。かつて医療領域においては，疾病を生物医学モデルのみで理解する傾向が強かったといえます。それに対して現代の医療においては，疾病を単なる生物的要因のみによって成立するものとしてではなく，生物的要因，心理的要因，社会的要因が重なり合って成立するものとして理解し，患者の生活の全体のなかに位置づけるようになっています。心理的要因や社会的要因が組み込まれることで，患者の主体性や社会生活の重要性が医療においても重視されるようになりました。したがって，このような発想の転換は，患者の生活の質（quality of life）の重視につながるとともに，患者の権利擁護やインフォームドコンセントの活動にもつながってきたのです。

　臨床心理アセスメントにおいても，このような問題理解が重要となります。特に医療の領域においてアセスメントに関わる臨床心理士にあっては，精神障害をどのように理解するのか，臨床心理士アセスメントにどのように障害を位置づけるのかが重要なテーマとなります。今回の講義では，この点を確認していくことにします。

　障害については，WHOが1980年に提案した障害概念があります（表7-1）。それによれば，何らかの障害をもった場合，人は器質障害，能力低下，社

表7-1 障害の3つのレベル

器質障害（impairment）	：身体的レベルの問題で，形態面での損傷や生理的な異常
能力低下（disability）	：個人差レベルの問題で，実生活上の行動の遂行の不全
社会的不利（handicaps）	：社会レベルの問題で，その特性への理解や配慮不足から個人が受ける不利

会的不利といった3つのレベルで制約を受けることになります。器質障害は，形態面での損傷や生理的な異常として現れます。能力低下は，実生活上の行動遂行の不全として現れます。このような3レベルの制約によって問題の構造を理解していくことが可能となります。そこで，以下に頭部損傷という器質障害を含む事例を示しますので，読者の皆さんは，表7-1に示した障害レベルの観点から問題の構造を理解することを試みてください。

2 事例 ヤスオさん

　ヤスオさんは，大学1年のときにバイクを運転中に車と接触事故を起こして左側の頭蓋骨の骨折という重傷を負いました。手術を受けましたが，右半身の片麻痺が残りました。2ヵ月後に退院となりましたが，フォローアップのCTスキャンでは左頭頂部の損傷が示されていました。大学に戻ったヤスオさんは，時々癲癇を起こす以外は，それなりに適応しているようにみえました。しかし，学期末試験の時期が近づくにつれて大学に行かなくなりました。同じクラスの友人の助けもあって，いくつかの試験を受けることができましたが，成績は悪く，10科目中7科目がパスしませんでした。次第に勉強についていくのが難しいことが明らかとなってきました。それとともに発作的な攻撃性と抑うつを示すようになり，家にひきこもるようになっていきました。また，気分の変調がみられ，落ち込むかと思えば，急に激しい攻撃性を示し，家財を壊すという行動が生じるようになりました。じっとしていることが難しく，勉学に集中することが難しいということもありました。

　このような状態を心配した家族が，頭部損傷のリハビリテーション・センターにヤスオさんをともなって来談しました。主訴は，発作的な攻撃性，抑うつ気分，勉学困難でした。知能検査や神経

> 心理学検査によって，知的能力に問題はなく，記憶や学習能力も特に傷害されていないことが示されました。しかし，聴覚的注意力，作動記憶，言語的流暢さ，情報処理スピードの減衰がみられることが明らかとなりました。また，理学療法士の検査によって，運動スキルの減衰，歩行運動の不調和，手足の稼動範囲の狭小化があることが明らかとなりました。このようなアセスメント結果から，ヤスオさんは，さまざまなレベルで行動が制限されており，その結果としてフラストレーションと焦燥感，自信欠如を深めていることが明らかとなりました。

　ヤスオさんの障害にはさまざまなレベルがあり，それが相俟って彼の問題が形成されていたのです。図7-1に，ヤスオさんの問題の構造的理解を示しました。そこに示されているように頭部損傷がもたらした器質障害は，認知面，感情面，行動面での変化が含まれていました。行動面の能力低下（可動範囲の制限，右半身の脆弱さ，歩行失調，バランスの悪さなど）は，右半身の片麻痺が直接の原因となっていました。しかし，認知面の能力低下（集中力と情報処理スピードの減退，融通のなさなど）に加えて感情面や行動面の能力低下（自信の欠如，抑うつ，攻撃性など）は，その基盤にある認知の変化とパーソナリティの変化が複雑に絡み合って生じたものでした。それらは，行動の制約と関連して生じた2次的な心理的問題といえるものです。また，そのような心理的問題は，社会的不利といえる状態をもたらすことになりました。そして，それがさらに心理的問題を深刻化する要因になっていたのです。したがって，このような障害を特定化する神経心理学的アセスメントを行い，それぞれの問題に対応するリハビリテーションを行うことによって，心理的問題の発生は防ぐことができたといえます。

3　3つの障害レベルによる問題理解

　器質障害が生じた場合，人は生物・身体的な制約を受けます。それは，上記例では身体麻痺，注意欠陥，気分変調などとなって現れていました。そして，そのような器質障害の影響を受けて，能力低下として心理・行動的な制約が生じます。可動範囲が制限され，集中力が減衰し，自信の欠如などが生じます。さらに，社会・生活的な制約も生じます。移動ができな

```
                    深刻な頭部外傷
                    ・頭蓋骨陥没
                    ・左頭頂部損傷

器質障害    右半身麻痺    注意欠陥,        気分変調,
                         発語のたどたどしさ,  情緒不安定,
                         自己中心性       抑制困難

能力低下    可動範囲の制限,  集中力の減衰,    自信の欠如,
           右半身の脆弱さ,  情報処理スピードの低下, 抑うつ,
           歩行失調,      融通の利かなさ,   攻撃性
           バランスの悪さ   こらえ性のなさ

社会的不利  移動性が多少減じる 教育および就業上の 家族等,社会的
                         制約           対人関係の問題

           行動面の問題    認知面の問題    感情面の問題
```

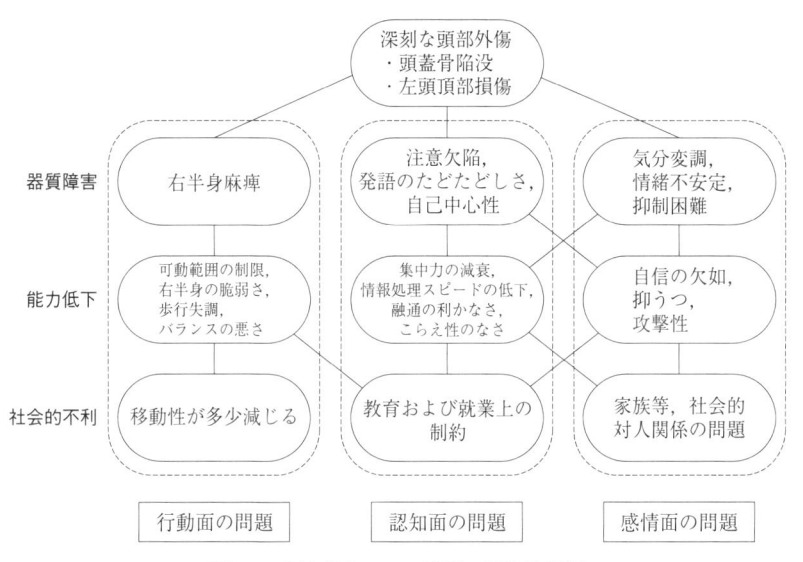

図 7-1　頭部外傷による問題の構造的理解

くなり，教育や仕事の機会が限定され，対人関係の維持もできなくなります。その結果として，社会的不利として社会的差別を受けることも生じるのです。

　今回の講義で提示した事例では，頭部外傷という器質障害が明確な事例を取り上げました。しかし，器質障害に，ある種の刺激やストレスに対する体質的な，あるいは気質的な脆弱性まで含めるならば，さまざまな精神障害や問題行動も，この枠組みによって理解できます。統合失調症や気分障害だけでなく，パニック障害や PTSD などの不安障害，さらには人格障害や発達障害においても，遺伝などとも関連する体質的な脆弱性が発症の要因になっていることが明らかとなっています。したがって，臨床心理アセスメントの対象となる多くの問題状況を理解するに当たって，器質障害，能力低下，社会的不利の枠組みを活用できます。

　なお，この点に関して日本特有の心理臨床学では，心理的要因のみに注目し，器質障害との関連を考慮しない心理療法に終始する傾向が強かったといえます。そのため臨床心理アセスメントが相当に偏ったものになっていただけでなく，介入できる対象も器質障害の関与の少ない問題状況に限定されることになっていました。

　ところで，器質障害，能力低下，社会的不利の相互の関連性は，どのよ

うになっているのでしょうか。器質障害は，多くの場合，さまざまな障害や問題が発生する要因になっています。そのため，器質障害を，問題状況を理解する際の基本的前提として位置づけることになりやすいということがあります。しかし，これには，大きな問題点があります。それは，介入の可能性を限定してしまう危険性です。器質障害については，生物・身体的損傷や変異によって生じるため，誰でも一定の制約を受けざるを得ないのです。それに対して能力低下については，その人の元々の活動能力によって個人的制約は異なってきます。また，障害をどのように認識し，対処するのかといった認知的対処の仕方によっても，制約に個人差が生じてきます。さらに，社会的不利については，器質障害による制約を補うように社会の側が変化することで，社会生活上の制約は相当に減じることができます。そこで，器質障害を，問題状況を理解する基本的前提としたならば，障害の制約を固定的なものとみなし，介入の可能性を否定的に考える危険性が生じるという問題点があるのです。

4 バリアフリーの発想による障害理解

このような限界を超えるものとして，WHOでは2001年に『国際生活機能分類——国際障害分類改訂版』を出し，生活機能の観点に基づく新たな障害概念を提案しています。そこでは，図7-2に示したように生活機能と障害を「心身機能・身体構造」，「活動」，「（社会）参加」，「健康状態（変調／病気）」，「背景因子（環境因子と個人因子）」から構成されるものとみなします。そして，生活機能と障害は，健康状態と環境因子および個人因子の相互作用によって成立するものとして理解されるようになりました。「心身機能・身体構造」は，生理的・解剖学的な面での変異や喪失による障害を意味します。「個人的・社会的活動」は，活動面での障害であり，個人的活動の障害（活動制限）と社会的参加の障害（参加制約）に分けられます。

新たな概念では，障害を区別するのではなく，生活機能という連続線上で障害を理解する視点が重視されるようになりました。生活機能という点に注目した場合，「心身機能・身体構造」の障害があったとしても，個人や社会のあり方に関してさまざまな工夫や介入をすることで，生活機能の障害の内容や程度は大いに改善される可能性が出てきます。生活機能の観点を重視することによって，「心身機能・身体構造」の障害は固定的な限界ではなくなり，むしろひとつの個性とみなすことも可能となります。その場

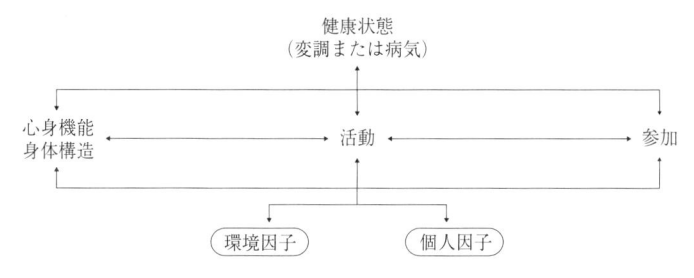

```
              健康状態
            (変調または病気)
        ┌───────┼───────┐
   心身機能  ←→  活動  ←→  参加
   身体構造
        └───┬───┴───┬───┘
        ┌─────┐ ┌─────┐
        │環境因子│ │個人因子│
        └─────┘ └─────┘
```

図 7-2　生活機能の観点に基づく新たな障害概念の図式

合，そのような個性を抱えつつ，どのように生活するのかがテーマとなるのです。

このように考えるならば，「器質障害→能力低下→社会的不利」という一方向で影響が及ぶということではないといえます。むしろ，生活機能への介入変化という点を考えるならば，「器質障害←能力低下←社会的不利」という影響の方向性も考えることができます。例えば，頭部外傷の事例でも，社会的な環境が変化し，差別も減じた結果，自己評価が好転し，心理状態が安定するということもあります。さらに，意欲的になり，積極的にリハビリテーションに参加するようになった結果，器質障害として生じていた麻痺や痛みが和らぐということも生じます。

生物−心理−社会モデルとの関連では，おおよそ器質障害は生物領域に，能力低下は心理領域に，社会的不利は社会領域に相当します。かつては（日本においては今でも），器質障害が，障害を理解する際の基本的前提となっていました。それは，医学が専門職の中心にあるという発想と表裏一体をなしていたからです。

しかし，WHOの新たな障害概念で強調されているように，生活機能の観点から障害の改善に向けて介入や援助を構成していくことを目指すならば，決して医学が中心になる必要はないのです。むしろ，医学中心の考え方は，柔軟な介入や幅広い援助のための障害になる危険性が高いのです。

1980年のWHOの障害概念では，「疾病や変調→身体機能の障害→能力低下→社会的不利」というように生物的要因の欠陥によって能力低下が生じ，社会的不利になっていくとの視点に立ち，病気や障害の否定的側面が強調されていました。それに対して2001年の生活機能分類では，心身機能・身体構造に何らかの障害があっても，環境がバリアフリーに改善され，社会参加の制限が少なくなれば，その人はより活動的となり，生活機能が上昇

することになるということが前提となっています。

　このような生活機能の観点に基づくならば，障害の意味も随分と変わってきます。生物的要因に由来する心身機能・身体構造の障害を固定してとらえるのではなく，環境因子や個人因子を変えることで，つまり社会の側のバリアーを取り除くことによって，生活機能が随分と改善されることになるのです。したがって，生物的側面に介入する医療職だけでなく，心理的側面に関わる個人因子や社会的側面に関わる環境因子に介入する臨床心理職や社会福祉職などのさまざまな専門職が，協働して患者の生活機能を高めるような介入や援助が重要となるのです。

5　おわりに

　心理的問題を判断するための病理的基準は，心身機能・身体構造の障害を前提としています。しかし，精神障害の多くは，実際には器質的な損傷や変異が明確になっていません。そこで，精神障害の場合，身体疾患に比較するならば，背景因子（環境因子と個人因子）が問題形成に関与している可能性が高いのです。つまり，精神障害は，生物的要因を前提とする器質障害のようにみえて，実際には心理的要因や社会的要因が相当に関与しているのです。器質障害は，心身機能が制限されるというかたちを取って現れます。その場合，その心身機能の制限をどのように認知し，それに対処するのかによって，実際に生活機能は変化してきます。器質障害によって右足が麻痺するという心身機能の制限があっても，障害を前向きに受け入れ，リハビリテーションに積極的に参加し，左足の機能や補助器具の活用を発展させた場合には，生活機能は大いに改善されるでしょう。

　それが精神障害の場合であれば，そのような改善の可能性はさらにいっそう大きいといえます。例えば，統合失調症の患者が知覚障害（＝心身機能の障害）である幻聴の存在を認識し，幻聴に対して自覚的に対処し，周囲の人々からのサポートを早めに受けることができるならば，生活機能の障害は随分と減じることができます。さらに，社会的場面において生じる心理的ストレスに関する認知機能を高めて社会的サポートを引き出すことによって早めに背景因子（環境因子と個人因子）に介入できれば，心身機能の障害である幻聴が生じる危険性さえ減じることが可能となります。

❖さらに深く理解するための文献

1）『障害学──理論形成と射程』東京大学出版会，
　杉野昭博，2007

　今回の講義で解説されているように近年，障害概念は大きく変化してきている。生物的原因を重視する医学中心の考え方から，生活機能を重視する考え方に変化している。その結果，生物的側面での制約があっても，心理的な見方や社会的な制限を変化させることで生活機能が大いに改善するという点に論点が移ってきている。臨床心理学を学ぶ者は，このような障害についての考え方を知っておくことが重要となる。このような視点の変化に無知であることによって，知らず知らずのうちに生物的要因中心の発想で臨床心理アセスメントを行っている場合も生じてくる。本書は，このような障害概念の歴史的変遷を踏まえたうえで，新たに進むべき方向を論じている最新の議論を提供しており，参考となる。

2）『講座臨床心理学 6・社会臨床心理学』東京大学出版会，
　下山晴彦・丹野義彦（編），2002

　生活機能を重視する障害概念においては，生物的制約をどのように理解するのかが重要となる。そしてその制約をカバーする社会的環境を提供することで，障害は障害でなくなっていくとの考え方を取るようになっている。それは，心理的社会的バリアーがあることによって障害を成立させているとの考え方である。したがって，介入において目指されるのは，心理的社会的バリアーを取り除いてバリアフリーな世界を目指すことになる。そのような理念においては，心理的な問題理解とともに社会的観点からの問題理解と社会的環境への介入が重要となる。本書は，このような社会的な観点からの臨床心理アセスメントと介入を実践するうえで参考となる。

第 3 章
問題のメカニズムを探る

第8回講義

問題を維持している
メカニズムを探る

1 はじめに

　第1章の講義では日本の臨床心理アセスメントの課題を，第2章では臨床心理アセスメントの目指すところを示しました。そこで，以後の講義ではそのような課題や目標を達成するために具体的にどのようにしたらよいのかを解説していくことにします。

　まずその手始めとして，第3章では，複雑な現実のなかに成立している問題を把握していくための枠組みを示すことにします。臨床心理アセスメントは，事例の問題に関する仮説を生成し，それをより妥当なものに修正していく過程です。ただし，臨床心理アセスメントの対象となる問題は，通常単純な因果論で割り切れるものではありません。事例は，さまざまな次元が交錯する現実状況のなかで起きています。さまざまな要因が相互に関連して問題が形成されているのです。したがって，そのような事例の現実を把握するためには，さまざまな要因を組み込んだ包括的な仮説を構成することが必要となります。

　今回の講義では，生物-心理-社会モデルに基づき，包括的な仮説を構成する方法を解説します。そのために，まず事例を示します。ここで提示する事例も，私が実際に担当した複数の事例をまとめて再構成したものです。精神科の医療施設に臨床心理士として勤務していれば，日々の臨床活動のなかで必ず出会う典型例として理解してください。

2 事例　タカシさん

　24歳の会社員の男性タカシさんが母親に付き添われて病院の心理相談室にやってきました。その病院の精神科医師からセラピストに紹介されてきた事例です。精神科で実施されたMMPIの結果

をみたところ，Dの尺度得点が最も高く，次にPtの尺度得点が高くなっていました。精神科医からの連絡メモには，「パニック障害と思う。薬物療法が功を奏しない。抑うつを訴えているので，心理的な介入をお願いしたい」との記載がありました。

セラピストがタカシさんの話を聴くと，「何をやっても自信がない。無気力になっている」と元気なく答えるのが精一杯の状態でした。むしろ，付き添いの母親が，本人の話を取るように，「家にひきこもってばかりいる。大の男がそんなではおかしい。何か心の問題があると思って，私が精神科に連れてきた。昔はこんなではなかった。なぜ，こんなにだらしなくなってしまったのだろうか」と非難気味に語りました。

セラピストが「いつ頃からこのようなひきこもりになったのですか」と尋ねたところ，「2年前に満員電車のなかで急に息苦しくなり，倒れて救急車で病院に運ばれたのがきっかけでした。そのときは精密検査をしたのですが，異常がなく，あまり気にしませんでした。しかし，その後も，何回か急に息苦しくなることがあり，病院に行く度に異常はなく，気のせいですといわれたのです。そのうち，電車のなかで息苦しくなることが怖くて電車に乗れなくなりました。ただ，今の自分は，そのことは気にしていません。それよりも，新入社員として頑張ろうとしていた矢先に会社に行けなくなって，まったく自信を失っています。自分の将来は，どうなってしまうのかと不安でたまりません。それを何とかしてほしいのです」とのことでした。

それを受けて母親が，「この子は，昔から臆病だった。離婚した夫も，気の小さい男だったんですよ。この子と同じようにパニックになることが何度もあった。この子については，今は，私が何でも世話をしてあげています。この子の姉は，私が過保護で甘やかしているからこうなったというんです」と言葉を重ねました。

タカシさんも，それに合わせるかのように「確かに昔から悪いことが起きるのではと心配になることはあった。最初は，小学校低学年の頃だった。ガソリンスタンドのホースで遊んでいて，『火事になったらどうするんだ』と店員にこっぴどく叱られたことがありました。それから，最悪のことが起きたらどうしようと考える傾向が出てきたように思います。今回も，電車の音を聞いただ

けで，パニックになるのではと心配になります。とにかく家にいると安心なんです」と自信なさそうに語りました。

また，母親は，「この子が小さい頃から共働きでした。しかもその頃から夫婦仲が悪く，この子はいつも放っておきましたね。その後，離婚してタカシを施設に預けました。それがいけなかったんでしょうね。そういうことがあったので，一緒に住めるようになってからは，確かに過保護な面はあったと思いますね。男性として自立できていない点が問題だと思いますよ」と，断言するように述べた。

しかし，それに対してタカシさんは，「自分では，それほど甘やかされて育っているとは思わないですね。むしろ，自分は，他人よりも厳しい環境で頑張ってきたと思います。母親に頼らずアルバイトして大学を卒業しました。でも，今は会社に行けていないから，甘えているといわれればそうかなと思いますが……」と，抵抗するように主張しました。

このような対話を聞いていたセラピストは，タカシさんの不安感に注目しました。幼児期のエピソードなどから，おそらくパニック発作を示す以前からかなり強い不安をもっていただろうとの見立てをもったのです。さらに，乳幼児期の家族体験に加えて面接場面での母親と本人のやりとりの観察情報も含めて，母子間の愛着の問題にも注目しました。

そこで，セラピストは，大学院で学んだカウンセリング，精神分析，発達心理学の考え方から，まずは，タカシさんの不安感を少しでも弱めるために彼の気持ちを無条件に尊重し，できる限り彼の表現に共感していくことにしました。それとともに幼児期の親子関係に焦点を当てて話を聞いていくことにしました。

3 問題に関する仮説を生成する

理念的基準に基づくセラピストの見立て

さて，このような事例の"問題"をどのように理解し，どのように関わっていったらよいでしょうか。セラピストは，問題に関する，とりあえずの仮説を立て，それに基づいてさらなる情報を取っていくことが必要とな

ります。このセラピストは，精神分析や発達心理学の理論仮説に基づき，「幼児期の不十分な母子関係が彼の不安の原因になっており，その不安がパニック発作として現れた」との仮説を立てています。確かにこれは，母親や姉の判断と一致した仮説です。

しかし，クライエントのタカシさん自身は，そのような判断には同意をしていません。しかも，セラピストの仮説は，その不安がなぜパニック発作という特定の症状として現れたのかを厳密には説明していません。来談時にタカシさんが何らかの不安をもっているのは確かですが，最初からそのような不安が存在したのかは不明です。パニック発作の結果として生じた不安なのかもしれません。また，なぜパニック障害になったのか，なぜ強迫性障害でなかったのかも説明できていません。さらに，本人が訴えるのは，不安よりも，むしろ抑うつということもあります。そのことも説明できていません。

ところで，問題に関する見方については，セラピスト以外にも，すでに事例に関わっていた人々によってさまざまな判断が示されています。それは，「問題は何か」，「問題をどのように理解するのか」に関する仮説とみることもできます。第5回講義で解説したように問題に関連する人々は，さまざまな基準で問題を理解し，対処しています。そして，それが問題を悪化，あるいは維持させている要因にもなっています。

適応的基準からすれば，ひきこもって会社にも行けていないのであるから，社会的判断に基づく不適応の状態とみることができます。これは，母親がはっきりと"問題"として指摘しています。また，本人は，現在の事態から自分の将来への不安を自分の"問題"として訴えています。これは，主観的判断に基づいても不適応な状態にあることを示しています。理念的基準については，本人の家族，つまり姉と母親は，「過保護のため，成人男性として自立できていないこと」が"問題"であると生活的判断を示しています。セラピストは，精神分析や発達心理学の理論仮説に基づき，幼児期の家族関係，特に母子関係に由来する"問題"であろうとの論理的判断を示しています。また，標準的基準に基づくならば，MMPIから抑うつと精神衰弱の尺度得点が特に高かったので，主に抑うつが"問題"ということになります。さらに病理的基準からするならば，パニック発作と電車に乗る恐怖という，感情の障害を示す症状が問題となります。その点でDSM-IV-TRの診断に基づき「広場恐怖を伴うパニック障害」という病気が"問題"として診断されることになります。事例を紹介してきた精神科医の判断が，

それに当たります。

　このようにさまざまな基準から，"問題"をとらえることができます。では，臨床心理士として，このような問題のとらえ方にどのように対応するのがよいでしょうか。自らの判断以外は無視するのがよいでしょうか。あるいは，それらを組み込んだ包括的な仮説を生成するのが望ましいのでしょうか。

　少なくとも上述のセラピストのアセスメントにおいては，そのような包括的な仮説は生成されていませんでした。むしろ，特定の心理療法の理論に由来する理念的基準に基づき，幼児期の母子関係の問題に焦点を当てる一面的な仮説が生成されています。

4　生物−心理−社会モデルとパニック発作

パニック障害に関する研究

　ここで，生物−心理−社会モデルを参考にして上記事例の問題を考察することにしましょう。まずパニック発作の生物的要因についてみていきます。実際のところ，パニックの生物学的研究は，かなり進んでいます。例えば，実験研究によってパニックがノルアドレナリン系の過活動によって引き起こされるという理論が提示されています。ノルアドレナリン系とは，神経伝達物質としてノルエピネフリンを用いているニューロンです。この研究では，青斑と呼ばれる脳橋のなかにある神経核に注目しています。サルの青斑を刺激したところ，パニック発作のようなものを引き起こしたことから自然に起きる発作は，ノルアドレナリン系の過活動に基づくのではないかと考えられているのです。

　また，パニック発作の生物的要因を支持するものとして，生物実験的な操作によってパニック発作を誘発させることも可能となっています。パニック発作は，呼吸亢進，すなわち過呼吸と関連があることが実証的に示されています。呼吸亢進は自律神経系を活性化させ，それがパニック時のエピソードとしてよく知られる身体的な状況へとつながるとされています。実際に，通常よりも二酸化炭素濃度が高い空気を呼吸することによって，実験状況でパニック発作を起こすことができるのです。

　このような実証研究からいえることは，さまざまな生物的な刺激（例えば，二酸化炭素の過吸入や呼吸亢進）が，パニックという"身体機能"の

● **ストレス状況**（刺激：先行要因）圧迫感 ➡ **生体変化**（吸気中の二酸化炭素への過敏体質）➡ **生理反応**：めまい・ドキドキ ➡ **認知反応**：警報（脅威）として認知 ➡ 心臓発作のサインという破局的解釈 ➡ **感情的反応**：不安の高まり ➡ 不安が身体感覚の覚醒を亢進 ➡ **身体反応**：パニック発作の発生 ➡ **行為的反応**：回避行動をとる ➡ ＊**短期結果**：一時的安全確保　　＊**長期結果**：引きこもり ➡ **孤立環境**：他者からの非難（刺激）➡ 抑うつ ➡ 悲観的認知反応（維持要因）悪循環（→自殺）

図 8-1　パニック障害における問題成立の悪循環

問題を引き起こす誘因となるということです。生物的な刺激が，患者の，パニック発作を起こしやすい生物的な偏りや素因を活性化するのです。この点に関して，パニック障害は，家族内で遺伝し，二卵性双生児よりも一卵性双生児において一致率が高いということも見出されています。つまり，遺伝的素因が関連しているといえるのです。上記事例で母親は，父親も同じようなパニック発作を示していたと述べています。これを母親は，「気の小ささ」と意味づけています。しかし，実際には，パニック発作を起こしやすい生物的素因を父子で遺伝的に共有していた可能性が高いといえるでしょう。

このようにパニック発作の発現には，生物的素因が関与している可能性が高いのです。では，パニック発作は，生物的素因のみによって生じるのでしょうか。この点に関しては，生物的刺激が実際に誘因となって身体機能の混乱が生じる素因をもつ人がすべてパニック障害になるかというと，そうではないのです。実際にパニック発作を起こすのは，そのような素因をもつ人のなかでもパニック時の身体感覚を非常に恐れている人だけということも示されているのです。つまり，生物的刺激に対して同じように身体的反応をする人たちのなかには，パニック発作の症状を呈する人と呈さない人がいるのです。そこで，重要となるのが，生物的な身体変化に対する心理的な反応となるのです。

最近の認知理論では，生物的刺激が誘発した身体感覚を誤って心臓発作や脳卒中の兆候であると解釈する傾向，つまり誤った認知をしがちな人の場合，図 8-1 に示したように不安が循環的に増幅し，さらなる身体的不安反応（過呼吸，発汗，震えなど）を呼び起こし，最終的にはパニック発作に至るとされています。したがって，不安によって身体感覚を誤って認知するという心理的要因，つまり"認知機能"の問題がパニック発作の要因として深く関わっていることになります。

生物－心理－社会モデルによる事例理解

　上記事例において，何か最悪のことが起きると考えやすい性格傾向があることが本人によって示されていました。ここで注意しなければならないことは，クライエントの不安感や，それに基づく考え方に対して，単純に共感的に肯定していった場合，クライエントの認知の誤りを強化してしまい，結果としてパニック発作を起こす心理的要因を維持させてしまう危険性があるということです。

　さらに，社会的要因も関わってきます。クライエントは，何らかの状況刺激を受けたときにドキドキするという身体反応を示しやすい体質です。例えば，電車の音を聞いただけで，「いつもよりドキドキしている」と感じると述べています。すると，「またパニックになるのではないか」という意識をもつことになります。そこで，電車の音が聞こえないところに避難すると，「ほっとして，安心する」ことができるのです。次第に駅だけでなく，電車の音や電車に関連するものがあるところを回避するようになり，家とその近所にのみ行動範囲が限られてきます。その結果，社会的活動が制限され，"生活機能"の問題が生じてきます。それまでは比較的良好であった対人関係も希薄になっていき，クライエントは，将来に対して悲観的になるとともに孤独感も強めていったと考えられます。

　さらに，母親を含めてひきこもり状態にあるクライエントを非難しており，それが一層クライエントの自信を失わせていきました。そのような状況が，クライエントの抑うつ感情を強めることになっていったといえます。そして，その抑うつ感が自信を失わせ，それが，さらに"身体機能"の混乱に対して破局的解釈をする"認知機能"の歪みを強め，ますますひきこもるという"生活機能"の障害も悪化させていくことになりました。このようにして，"問題"を維持，強化する悪循環が生じているとみることができます。

　ここで注意したいのは，生物的要因，心理的要因，社会的要因が相互に関連し，クライエントの問題を維持，あるいは発展させる循環システムを形成していることです。順番としては，生物的要因が素因としてあり，それに心理的要因が媒介として関与して問題が発生します。そして，社会的要因が加わって問題を維持，発展させる循環システムが形成されるのです。それは，循環システムであるので，どの側面に注目するかによって，そのみえ方は変わってきます。通常，生物的要因や心理的要因は，外からはみ

えくいものです。それに対して社会的要因は、それとしてみえやすい側面です。したがって、社会的要因を原因として問題に関する仮説を立てやすくなります。つまり「母親に甘えて家にひきこもるような状態だから問題が生じるのだ」という、誤った問題理解につながることも出てくるのです。

5　包括的な仮説を生成する

理論に基づく推論から、事実に基づく包括的な仮説生成へ

　セラピストの"見立て"と、生物－心理－社会モデルによる問題理解を比較すると、両者の基本的な違いが明らかとなります。そこで、両者を比較することで、セラピストの見立ての妥当性を検討することにします。

　セラピストは、理論的拠り所とする精神分析と発達心理学の理論に基づいて"問題"に関する見立てを形成しました。つまり、幼児期の家族関係、特に親子関係の愛着の欠損がクライエントの根本的な不安を形成し、それがパニック障害として発現したという判断に基づいて仮説を生成したのです。また、母親への甘えは、そのような愛着の欠損の証左であるとの見方をしています。

　しかし、この見立てでは、クライエントがパニックの発作になるまでは不安症状を示すことはなかったという事実、大学時代は経済的にも自立して卒業しているという事実、不安よりも抑うつが前面に出ているという事実を説明できていません。むしろ、事実を無視して、まず不安を想定し、そこから一気にパニック発作に結びつけています。また、乳幼児期の体験がどのように不安に結びついたのかも、事実を追っての説明とはなっていません。そこには精神分析の理論を前提とした推論に基づく飛躍があります。さらに、その想定された不安が、どのようにして他でもないパニック発作と結びついたのかも説明していません。

　これに対して生物－心理－社会モデルに基づく問題理解では、最新の生物学研究の成果も踏まえて、刺激に対する身体の反応性という生物的素因をまず出発点としています。それは、父親との遺伝的類似によっても支持されるものです。そして、その身体反応性に対して破局的解釈をしてしまう認知の誤りが媒介要因となって、パニック発作が生じるメカニズムが提示されます。この認知の誤りは、心配性という彼の性格として示されたものです。幼児期の家族体験は、このような心配性というところに関わって

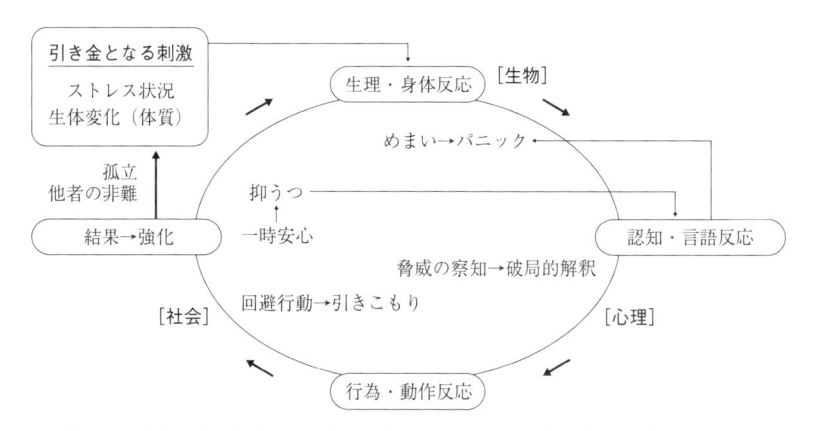

```
                [生物]
引き金となる刺激 ──→ 生理・身体反応
ストレス状況
生体変化（体質）      めまい→パニック
         抑うつ
    孤立   ─────────
    他者の非難  一時安心
結果→強化                認知・言語反応
         脅威の察知→破局的解釈
         回避行動→引きこもり
    [社会]              [心理]
              行為・動作反応
```

図8-2 生物－心理－社会モデルに基づくパニック障害成立の悪循環システム

いると理解できます。したがって，幼児期の親子関係は，心配性，さらには認知の誤りという心理的要因となっているということはあります。しかし，パニック発作を起こす原因ではなく，むしろ媒介要因として位置づけられることになります。

また，クライエントの訴えの前面に出ている抑うつは，ひきこもることによって社会的活動ができなくなり，自信を失った結果生じたものとなります。ここで社会的要因が関連してきます。さらに，このようにひきこもりと抑うつの結果，クライエントは母親しか頼る対象がなくなり，母親との密着した関係が生じたとみることができます。セラピストの見立てでは，幼児期の不十分な親子体験と母親との密着した関係がパニック発作の原因と想定されていました。しかし，上記の問題理解において，それは，パニック発作の結果として生じたものと理解されます。そして，母親やセラピストの「親子関係が問題である」という見方は，クライエントの自信をさらに失わせる要因にもなるのです。

このようにセラピストの見立てと生物－心理－社会モデルによる問題理解の両者は，基本的に異なった内容となっています。仮説の妥当性を検討する場合，事実をどれだけ正確に説明できるかということが評価基準となります。その点でセラピストの見立てよりも，生物－心理－社会モデルによる問題理解のほうが，上記事例については妥当なものと評価できます。この生物－心理－社会モデルによる問題理解を悪循環のシステムとして図式化したものを図8-2に示します。（これが第5章で解説する問題のフォー

ミュレーションに相当します。)

問題を成立・維持させる悪循環を明確化する

このような仮説の違いは，単に妥当性の高低を超えた影響力をもつことになります。それは，介入の方針を決定してしまうことです。セラピストは，クライエントの悲観的な気持ちを共感的に聴いていくことを重視しました。もちろん，クライエントと協働関係を形成し，問題への取り組みをサポートするためには，共感的対応は必須です。しかし，誤った問題理解に基づく共感は，クライエントをさらに混乱させてしまう危険性もあるのです。無闇にクライエントの考え方に共感したならば，クライエントの「破局的なことが起きる」という認知の誤りを認め，それを肯定することで，その認知機能の偏りを強化してしまうことになります。よかれと思っての対応が，問題を維持，強化することになる場合もあるのです。したがって，問題が形成されるメカニズムを事実に照らして正確に把握し，仮説を生成しなければなりません。そのような問題理解があってこそ，クライエントの心理援助に役立つ正確な共感が可能となります。

介入に際しては，母親との愛着や甘えの問題に焦点を当てて介入した場合，これまで恵まれない環境のなかで頑張って自立しようとしてきたクライエントの努力を否定することにもなりかねません。そのようなことは，クライエントの自信喪失に拍車をかけ，ひきこもりや抑うつをさらに強化する危険性もあります。また，親子関係の問題に焦点を当てることは，母親の罪悪感や姉の親への批判的意識を刺激し，かえってクライエントと家族との関係を近づけ，母子の問題という二者関係の問題にテーマを限定させてしまう恐れもあります。それは，ひいてはクライエントのひきこもりを強化することにもなります。

このように，安易な親子関係への介入は，問題の解決よりも，むしろ問題の維持や強化につながります。上述したように，生物－心理－社会モデルに基づく理解では，問題は，悪循環システムによって維持，強化されています。ところが，一見しただけでは，社会的要因が原因となって問題が生じているようにみえてしまうということがあります。そして，その結果として，「母親に甘えて家にひきこもるような状態だから問題が生じるのだ」といった見立ても出てくることになります。しかし，悪循環システムの観点からするならば，そのような問題理解こそが，その悪循環に巻き込まれて，問題を悪化させてしまう要因になってしまうのです。

6　おわりに

　以上みたように，事例の問題をどのように理解するのかによって介入の方針はまったく異なってきます。しかも，問題理解が事例の現実に即していない場合には，介入によって問題を悪化させてしまう危険性があります。ここでは，少なくともそのような誤った介入をしないためにはどのようなことに注意をしたらよいのかを確認します。

　まずは，当たり前のことですが，事例の現実に基づいて問題を理解していくことです。そのためには，理論を事例に当てはめるのではなく，あくまでも事例の現実に即したデータを収集し，それに基づいて問題を理解するという手続きを重視することが重要となります。つまり，事実に即した問題理解をしていくことです。

　上記事例においてセラピストは，大学院で習った理論に基づき，親子の愛着と依存の問題を想定し，事例の見立てを形成しました。しかし，その想定では，クライエントがかつては自立的に生活していたという事実を無視していました。したがって，まずは理論的にみたら些細な反証にみえることであっても，そのような事実にも注意を向ける必要があります。

　理論に基づく推論の危険性は，特にどの理論がそのような傾向が強いというものではありません。今回は，たまたま精神分析やクライエント中心療法，あるいは発達心理学の愛着理論を取り上げました。しかし，それは，認知行動療法でも，家族療法でも，さらにはコミュニティ心理学についてもいえることでしょう。例えば，エビデンスベイスト・アプローチを標榜する認知行動療法であっても，単にマニュアルを事例に適用して介入したならば，結局は事例の現実に即した問題理解にはなりません。

❖さらに深く理解するための文献

1）『テキスト臨床心理学3・不安と身体関連障害』誠信書房，
　　下山晴彦（編訳），2007
2）『テキスト臨床心理学4・精神病と物質関連障害』誠信書房，
　　下山晴彦（編訳），2006

　本書は，不安障害，身体表現性障害，解離障害，心理生理的障害，気分

障害，統合失調症，物質関連障害の，それぞれの下位分類ごとに成因に関する最新の研究成果を示すとともに，効果研究の結果も含めて有効な介入法が解説されている。いずれも生物的観点，心理的観点，社会的観点から障害の成因と介入法が論じられており，臨床心理アセスメントをする際の必須の情報が記載されている。ここに記載されている情報を知らないままにアセスメントを行うことは，今回の講義で例示したセラピストと同様の過ちを犯すことにつながる。その点では臨床心理アセスメントを学ぶ際の必須の書物といえる。

3）『エビデンスベイスト心理治療マニュアル』日本評論社，
　　坂野雄二（監訳），2000

　今回の講義で指摘したようにパニック障害をはじめとして多くの精神障害では，生物学研究や心理学研究などの成果によって障害成立のメカニズムが解明されつつある。多くの場合，生物－心理－社会モデルとも合致するかたちで問題が維持あるいは悪化される悪循環が形成されており，その悪循環のメカニズムを変化させるために，いかに有効な介入をするがポイントとなる。本書は，パニック障害だけではなく，うつ病や強迫障害なども含めた多くの精神障害成立のメカニズムと，それを前提とした介入法を解説したものである。

第9回講義

行動に注目して問題を包括的に理解する

1 はじめに

　事例の現実とは，多元的です。それに対して理論は，ある側面に限定して論を組み立てているものでしかありません。そのため，ある理論に拘ることは，現実の一部のみをみて，それ以外の現実を無視する危険をともないます。そこで，事例の現実に基づいて問題を理解するためには，まず事例の現実の多元性を前提にする必要があります。そのような多元性を組み込んでいくために必要となるのが，生物－心理－社会モデルです。

　では，このような生物－心理－社会モデルに基づいて問題に関する仮説を生成するためには何がポイントとなるのでしょうか。それは，生物的次元，心理的次元，社会的次元の結節点にある"行動"に注目することです。これまで日本特有の臨床心理学，つまり心理臨床学は，「心の内面に注目することが臨床心理学の核にある」といった，偏った考え方を流布してきました。その結果，日本の臨床心理士は，生物的次元や社会的次元を無視して，もっぱら心理的次元の，しかも現実から切り離された無意識のイメージに集中しがちです。だからこそ，事例の現実を全体としてとらえるためには，意識して"行動"に注目することの重要性を強調する必要があるのです。

　そこで，今回の講義では，行動に注目することによって問題に関する情報を多元的に収集し，それらの情報を生物－心理－社会モデルに基づき包括的に分析し，問題を成り立たせているメカニズムに関する仮説を生成する方法について具体的に解説していくことにします。

2 問題の成り立ちを探る

　アセスメントとは，単にクライエントの訴えを聞き，それを確認するだ

けの作業ではありません。クライエントの訴えは，いわゆる主訴に当たります。主訴は，来談者が何らかの判断基準に基づいて心理的問題であるとみなした事柄であって，問題の全体像を示しているとは限りません。アセスメントとは，来談者の主訴を尊重しながらも，それを超えて問題の全体が成立し，しかもそれが維持，あるいは悪化しているメカニズムを，仮説として明らかにしていく作業です。本講義では，問題が全体として成立し，さらに維持されているメカニズムを「問題の成り立ち」と呼ぶことにします。「問題の成り立ち」を知ることが，問題の解決に向けての介入方針を立てる作業につながります。

　問題解決の作業は，困難をともないます。その困難な作業にクライエントがあえて挑戦するためには，クライエント自身が問題の意味を理解できている必要があります。つまり，問題の全体像とその意味が理解できるからこそ，クライエントは，問題を解決する意義も見出せるのであり，問題解決に取り組む意欲をもてることになります。したがって，臨床心理士は，アセスメントにおいて，クライエントの訴えを出発点として問題が成り立っている状況全体の構造を明確化し，それをクライエントが納得して問題の意味を理解できるように説明しなければなりません。

　では，クライエントの訴えを出発点として問題全体の成り立ちを明らかにするのには，どのようにしたらよいのでしょうか。そのためには，実際にそこで生じていた出来事に関連する情報を包括的に収集するとともに，前回の講義で解説したように，多元的観点から問題が形成されるプロセスを分析していく必要があります。そして，収集し，分析した情報を統合し，それらを再構成して，問題を生じさせているメカニズムに関する仮説を生成していくことになります。そのための枠組みとして生物－心理－社会モデルがあることは，すでに指摘してあります。

　そこで，読者の皆さんは，以下に示す事例を通して，生物－心理－社会モデルを活用して，問題の成り立ちを探る練習をしてみてください。

3 事例　スミコさん

> 　スミコさんは，東京で生まれ，大学では馬術部の部長を務めるほど活発で，責任感の強い女性でした。馬術関係のイベントで知り合った男性と，大学卒業してすぐに結婚し，25歳で娘が生まれたのを契機として，夫婦ともに勤め先を辞め，中国地方にある夫

の実家に入り，家業である牧場を継ぐことになりました。

　27歳のとき，家事をしていたところ動悸が強くなり，全身が震え出したので横になるということがありました。少し休めば落ち着いたので我慢して仕事をしていました。しかし，同様のことが数回続いたので，近隣の内科で精密検査をしましたが，何も異常がみつかりませんでした。むしろ，医師は，「疲れでしょう。少し休養を取ったほうがよいでしょう」というアドバイスを，本人と夫の家族に与えました。この時点でスミコさんは，夫や，夫の家族の期待に応えられない自分を責めるようになっていました。

　彼女なりに休養を取るようにして過ごしていましたが，1週間後に同様の動悸や身体の震えが起きました。そのときスミコさんは，「自分が死ぬ」という恐怖でいてもたってもいられない状態となりました。その後，気分が沈み，何か悪いことが起きるのではないかという予期不安が強くなり，眠れなくなりました。日常生活でも目眩，吐き気，冷や汗などの身体異常が頻繁に起きるようになりました。総合病院で検査をしても何も異常がなかったので，周囲の者は，「気のせいだ」「仮病だ」と彼女を責めるようになりました。

　スミコさんは，牧場で働く人たちの食事も作り，経理も担当していたのですが，そのような状態になって以来，食事を作れないだけでなく，外出もできなくなりました。その後，動悸や全身の震えは起きませんでしたが，その代わり落ち込みがひどくなっていきました。さらに嫁ぎ先の家族が怖いということで部屋から出られなくなってしまいました。隠居していた義祖母が，唯一「体調が悪そうだ。気持ちがひどく滅入っているようだから，今は実家で休養したほうがよい」と，彼女の味方になって強く主張しました。義父母は世間体を気にして実家に帰すことには反対でしたが，義祖母の意見を取り入れて，ひとまずスミコさんを，東京の実家に戻し，休養させることになりました。

　東京に戻ったスミコさんをみた家族は，「昔と性格が変わってしまって何か変だ」と感じ，急ぎ近くの総合病院に連れていきました。診察場面で，スミコさんは，「気持ちが沈む」「人が怖い」ということをボソボソと訴えるだけでした。そこで医師は，「うつ病」との診断を下し，抗うつ剤を処方しました。しかし，状態は改善せず，実家においても家から外に出られない状態が続きました。

> そこで、医師は、病院附設の臨床心理室の臨床心理士に面接を依頼してきました。

　さて、皆さんは、スミコさんの問題をどのように理解したでしょうか。生物－心理－社会モデルで理解することで、スミコさんの問題への介入の糸口はみつかるでしょうか。

4　問題状況の複雑性

問題を成り立たせる多様な要素

　問題が成立するためには、まずは問題状況を形成するきっかけとなる出来事が存在しなければなりません。ただし、そのような出来事が起きたとして、それを「問題である」と誰かが判断をしなければ、それは問題にはなりません。つまり、その出来事が誰かによって問題視されなければ、それは、あくまでもひとつの事実であって、臨床心理士が扱う問題にはならないのです。「それは心理的問題である」、と誰かが判断してはじめて、その出来事は臨床心理アセスメントの対象となるわけです。
　本人が判断する場合もあるでしょう。親や教師、あるいは友人や近所の人などの関係者が「問題である」と判断し、本人を連れて、あるいは本人に代わって来談する場合もあるでしょう。さらには、医師や社会福祉士などの専門家、あるいは警察、児童相談所、保健所などの専門機関が「それは心理的問題である」と判断し、本人を紹介してくる場合もあるでしょう。もちろん、臨床心理士が「問題である」と判断する場合もあります。
　したがって、臨床心理アセスメントでは、問題の契機となる出来事に加えて、誰がどのようにその出来事を心理的問題と判断したのかということが重要となります。第5回の講義では、心理的問題を判断する4つの基準について詳しく解説しました。4つの基準には、さらに細かな下位基準があります。実際には、どれかひとつの基準のみで問題であるとの最終的判断が下されるということは少ないといえます。来談するまでにはさまざまな人々の判断が重なり合って問題状況が形成されることになります。したがって、問題に関する判断自体が問題成立の重要な構成要因となっているわけです。しかも、多くの場合には、そこに複数の判断が関与しています。そのため、問題の状況は、非常に複雑な様相を呈していることになります。

そこで，アセスメントにおいては，まずは，問題と判断される契機となっている出来事の事実関係に関する情報を収集することが必要となります。それに加えて，それが問題であると判断される経過の情報を収集することも必要となるわけです。このような多様な情報を整理し，問題が成立しているメカニズムを明確にしていくのが臨床心理アセスメントの過程となります。

多様な情報を理解することの難しさ

　多様な情報が収集できたとしても，分析の作業を的確に実行できなければ，逆に混乱を招くことになります。そのような混乱が予想される場合には，多様な情報を収集するのを避けて，問題の一面に偏った面だけをとらえて満足するということも生じてきます。このようなことが起きた場合には，臨床心理アセスメントの利点であるはずの多元性は，逆に臨床心理アセスメントの限界や問題点を生み出す要因になってしまいます。

　実際，日本の臨床心理学のアセスメントは，偏ったものとなっています。心理的問題を判断する多元的基準のひとつである理念的基準，しかもそのなかのひとつである理論的規範，さらにそのなかのひとつである心理力動的理論モデルに偏った情報収集と，それに基づく問題理解をすることが多くなっています。その結果，事例の当事者であるクライエントの内面に焦点を当てる投影仮説に基づくアセスメントに偏りがちとなっています。内面に焦点を当てたアセスメントだけで事例の問題状況をとらえたと誤解し，それで自己満足してしまうことも生じてきます。日本の臨床心理学でロールシャッハ・テスト，描画，箱庭といった投影仮説を前提とするデータが偏重されるのは，そのような理由からです。

　このような偏りが生じた場合には，臨床心理アセスメントの利点であるはずの多元性は，逆に臨床心理アセスメントの限界や問題点を生み出す要因になってしまいます。したがって，特に日本の臨床心理学が健全な発展を遂げていくためには，内面にのみ注目するのではなく，身体，行動，社会関係を含んだ多元的な問題状況を把握する包括的な枠組みが必要となります。実際のところ，臨床現場では自己の内面を内省し，それを言葉やイメージで表現できるクライエントは少ないともいえます。むしろ，心理的問題を混乱した行動として示したり，不可解な身体症状や精神症状として示したりする場合のほうが多いのです。

　では，多様な情報を収集し，それらを統合的に理解するには，どのようにしたらよいのでしょうか。ここで重要となるのが，心理的問題を常に現

実生活のコンテクストで理解していくということです。心理的問題が起きるのは、現実の生活場面においてです。心の問題ということで、"心の内面"で起きると考えることもできます。しかし、"心の内面"は、独立したものとして、それだけで存在することは不可能です。人間は、日常世界の現実を生きており、その人間が心の世界をもっているという図式になります。したがって、心の内面の問題であっても、それは日常生活のコンテクストのなかで起きるわけです。実際に、心理的問題のきっかけとなる出来事は、現実生活のさまざまな場面で起きてくることになります。また、そのような出来事を「心理的な問題である」と判断することも、現実生活のなかでなされるものです。

そこで心理的問題に関する多様な情報を的確に収集し、問題のメカニズムを包括的に理解していくためには、心理的問題の成り立ちを現実生活のコンテクストで把握していくことが必要となります。ここで役立つのが、本講義シリーズの基本モデルとなっている生物−心理−社会モデルです。

5 生物−心理−社会モデルを活用する

問題を現実生活のなかでとらえる

システム論の観点に基づくならば、現実生活は、図9-1のような構造として理解できます。

図9-1に示したように個人システムは、身体システムと心理システムから構成されています。身体システムを支えるのが生物システムです。そこには、下位システムとして、神経系や消化器系、さらには細胞や遺伝子といったさまざまな要素が含まれます。それに対して心理システムを構成するのは、認知（思考）、感情、イメージなどの心的機能です。個人は、これらの身体システムと心理システムが相互に作用し合いながら統合された心身システムとして行動しています。しかし、個人システムを規定するのは、この心身システムだけではありません。個人を超える上位システムとして社会システムがあります。家族システム、地域システム、学校や職場システムなど、各個人は、その人が所属する社会システムのルールに従い、そのなかの役割を担って行動しているのです。

個人は、日常生活において生物システムに基づく身体機能と、心理システムに基づく認知機能が統合したものとして行動しています。身体と認知

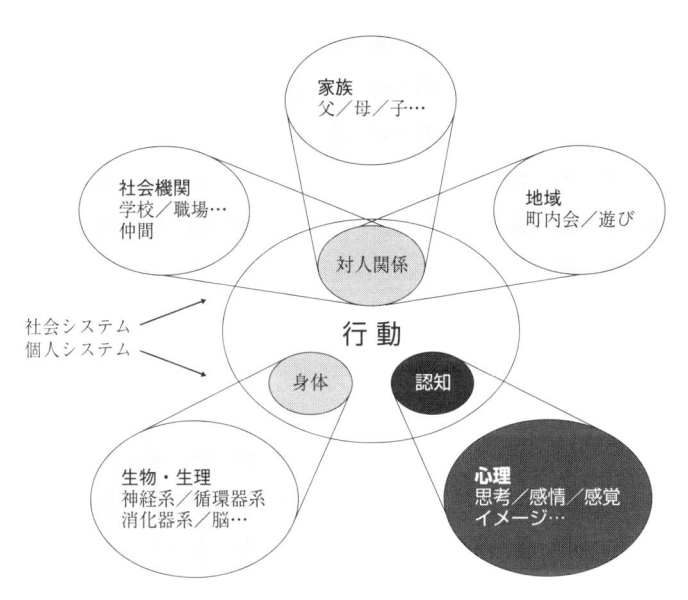

図9-1 システム論からみた現実の多元的構造

は別のものではないともいえます。身体自体が状況に対応して自動的に動くということもあります。その点で人は、すべて自分の思い通りに行動しているわけではありません。身体の制限を受けている面があります。しかも、個人は、独立したシステムではないので、さまざまな社会システムによって構成されている人間関係のなかで生活しています。社会的ルールや人間関係のダイナミックスという状況のなかで、何らかの制限を受けて行動していることになります。

このように考えるならば、私たちの現実生活は、生物システムに基づく身体機能と心理システムに基づく認知機能を駆使して、社会システムという生活状況において人間関係を生きている事態として包括的に理解できます。まさに生物システム、心理システム、社会システムが相互に重なり合い、影響を受け合いながら日常生活を営んできるとみることができます。そこで、問題状況を形成している出来事を包括的に理解するためには、出来事を生物的事実、心理的事実、社会的事実が重なり合って起きてきた事態として理解する生物－心理－社会モデルの枠組みが有効となるのです。

例えば、生物－心理－社会モデルをスミコさんの事例に当てはめて理解するならば、結婚によって異文化に適応しなければならない状況（社会的

要因)，体質的脆弱性に由来する目眩などの体調不良とパニック発作(生物的要因)，自己表現を抑圧することによるストレスと破局的なことが起きるという悲観的認知(心理的要因)が相互に絡み合ってパニック発作が成立したということになります。さらに，スミコさんは，「期待に応えられなくて申し訳ない」という偏った認知のために，自己表現を抑圧しただけでなく，夫や原家族からのソーシャルサポートも拒否し，問題をひとりで抱え込み，孤立感を深めていきました。それが，パニック発作を維持させる要因になるとともに，抑うつを悪化させる要因となっていたといえます。

行動を手掛かりとして問題形成の悪循環を読み取る

　問題の成り立ちを明らかにする作業においては，どのように生物－心理－社会モデルを適用して，多様なデータを系統的に整理し，問題のメカニズムを明確化していくのかが課題となります。その際に役立つのが"行動"に注目することです。なぜならば，行動こそが，生物システム，心理システム，社会システムの3側面が重なり合い，相互に影響を与え合う接点となっているからです(図9-1を参照)。

　生物的システムの損傷は，身体機能の障害となり，それは，"行動"の制約となって現われます。逆に"行動"を変化させることで，身体機能，そして生物システムが改善することもあります。心理システムは，"行動"を制御するとともに，さまざまな"行動"の遂行を判断する役割を担っています。心理システムにおいて認知の偏りがあれば，"行動"は偏ったものとなります。逆に的確な"行動"ができることで自己効力感が高まり，自己認知や感情が改善され，心理機能の安定がもたらされます。

　人は，対人"行動"や社会"行動"を通して社会と関わります。社会システムとは，個々人の"行動"によって構成されています。逆に個人は，社会システムのなかで役割を与えられ，"行動"が制限されています。また，社会的コンテクストによって自らの行動を評価され，それが心理面に影響を与えることもあります。さらに，そのような心理的影響は，"行動"を介して身体面に影響を与え，ひいては生物システムに悪影響を与えることもあるでしょう。何らかの社会的事件によって強い心理的ショックを受け，それが心理的外傷となり，PTSDを罹患したような場合には，生物的なシステムにも影響が及ぶことになり，その結果としてさまざまな"行動"の障害を呈することになります。

　上記スミコさんの事例では，特にコミュニケーション行動に注目するこ

とが，問題の成り立ちを理解するうえで役立ちました。ストレスや不安といった心理的苦痛，あるいは動悸や震えなど身体的苦痛があったのにもかかわらず，彼女は，それを他者に伝えるというコミュニケーション行動ができませんでした。そのため，夫を含む家族，周囲の人々，さらには医師にも的確に状況を伝えられず，逆に周囲から誤解されたり，非難されたりしました。それらがさらにストレスとなってスミコさんの状態を悪化させるという悪循環が起きていました。

6 おわりに

このように問題が生成し，維持されている悪循環を明確化するのに当たっては，生物，心理，社会の各領域をつなぐ媒介要因として"行動"に注目することが役立ちます。"行動"に注目することによって，生物次元，心理次元，社会次元を包括的に理解できる観点を得ることができるからです。それとともに，事例の多元的な状況における行動を"機能"としてみることで，問題の意味を理解する枠組みを得ることも可能となります。したがって，事例の問題の意味を明確化していくためには，"行動"に注目するとともに，その行動の機能を分析する機能分析が重要となります。この点については，第4章の講義において，機能分析を解説するなかで詳しくみていくことにします。

❖さらに深く理解するための文献

1）『方法としての行動療法』金剛出版，
山上敏子，2007

　今回の講義で指摘したように生物－心理－社会モデルの核であり，生物（主に身体機能）と心理（主に認知機能）と社会（主に生活機能）をつなぐ役割を果たしているのが"行動"である。ここでいう"行動"は，客観的対象としての行動だけではない。人間の認知機能の活動も，"行動"に含まれている。つまり，人間の主観や主体性も，主体的行動として"行動"に含まれているのである。本書は，このような"行動"の観点から精神障害の成り立ちを理解し，その"行動"を変化させていく技法をわかりやすく，しかも具体的事例を豊富に交えて解説している。"行動"を媒介として問題を包括的に理解する方法を学ぶための必須の書物である。

第10回講義

問題の成り立ちを明らかにして介入する

1　はじめに

　多様な情報を収集する際には，「それが問題である」との判断がなされるきっかけとなる出来事についての事実関係をしっかりと把握することが大切です。問題となっている出来事は，単にひとつの事実，例えば子どもが母親を殴ったという事実だけから成立しているわけではありません。それ以前の母子関係や家族関係，そのときの状況，さらにはそのときの子どもや母親の体調や心理状態も関わってくるでしょう。そのようなさまざまな事実が関係し合って何らかの出来事が生じることになります。

　したがって，問題の契機となる出来事についても，さまざまな観点からその出来事を構成する事実関係や事実経過についての情報を収集することになります。生物－心理－社会モデルは，このような出来事が生起する状況を多面的に把握するのに役立ちます。なぜならば，生物－心理－社会モデルは，現実生活の多元的な構造を把握するのに適しているからです。しかも，問題の成り立ちを多元的構造としてみていくことは，問題への介入方針を立てる際にも役立つものとなります。

　そこで今回の講義では，第9回講義で示した事例への介入経過を追いながら，問題の成り立ちを明らかにし，それに基づいて介入方針を立てていく方法をみていくことにします。

2　事例：スミコさん（続）（臨床心理士による聞き取り）

　　スミコさんは，夫とともに臨床心理相談室に来談しました。臨床心理士は，来談の経緯を尋ねる段階で，問題がどのように発展してきたのかを詳しく聞いていったところ，スミコさんは，「夫の実家は独特の因習があってたいへんだった。家父長制で，牧場を

拡大した義父はワンマンで何でもひとりで決めていた。義母は夫に従う我慢の人。自分の育った文化と違ったが，結婚するときの約束だったので，何とか嫁ぎ先に慣れようとして頑張っていた」と語りました。

「夫に無理して我慢していることをいえなかったのか」と，臨床心理士が尋ねると，「夫は仕事が忙しくて，話も聴いてくれなかった。それに，私がいったことを，夫が義父母に伝えると，『嫁が生意気なことをいう』と大騒ぎになるので，いわなかった」とのことでした。しかし，「実際は，実家に入ってすぐから目眩がしていた。動悸や全身の震えがあったあとは，死ぬことばかりを考えていた」とも語りました。東京の実家では休養できているのか尋ねたところ，「以前から父親が自律神経失調症で体調がすぐれず，いつもイライラしている。私が戻ってきて，迷惑をかけ申し訳ないという気持ちが強く，実家でも落ち着けない」と苦しそうでした。

そこで，次回，実家の母親に一緒に来てもらい，スミコさんの様子を尋ねました。母親によると「本来非常に活発で自己主張の強かったのに，結婚後，周囲にとても気を使うようになり，自分の意見を全くいわなくなった。家族は皆本人のことを心配しているのに，彼女のほうが気を使いすぎていて，気が休まらない様子である」とのことでした。実際に，彼女は，「家にいても落ち着かず，自分などいないほうがよいと考え，死にたい気持ちが強い」と語っていました。

3 問題の成り立ち（メカニズム）を把握する

出来事が問題として成立する経緯を把握する

ここでは，何らかの出来事が心理的問題とみなされ，臨床心理学的介入の対象となっていく過程をみていくことにしましょう。そこでは，本人を含めてさまざまな人々の，その出来事に関する判断が介在していきます。それらの判断が付け加わることによって，出来事は，心理的問題として体裁を整えていくことになります。ここで，「それが問題である」という判断そのものが新たな出来事して付け加わることによって，臨床心理アセスメントの対象となる心理的問題が成立することになるわけです。

上記事例でも，本人のスミコさんは，自らの状態を「夫や家族の期待に応えられないので申し訳ない」と判断し，何とか努力して期待に応えようとしていました。そのため，動悸や身体の震えも含めて自分の不安な気持ちを他人に極力語らないようにしていました。内科医は「疲れ」が原因との判断でした。それが影響して，周囲の者は「気のせい」「仮病」との判断のもとにスミコさんを責めました。実家の家族は，「昔と性格が変わってしまって何か変だ」との判断でした。総合病院の医師は，動悸や身体の震えを含めた不安感を表現せずに，ただ「頑張れなくて申し訳ない」というスミコさんの訴えに基づいて「うつ病」との診断を下しました。このように，来談までには，さまざまな立場の人が，さまざまな基準や観点に基づいて問題についての判断がなされ，それが重なり合って問題が成立するということになってくるわけです。

　このように"事実としての出来事"に，さまざまな判断が重ねられて"問題としての出来事"になっていくわけです。したがって，臨床心理アセスメントでは，問題化している出来事の事実経過に関する情報に加えて，その出来事を問題と判断する過程に関する情報も併せて収集する作業がまず必要となります。

問題を成り立たせる悪循環を読み取る

　情報を分析し，問題が生成し，維持されているメカニズムを明らかにする作業を行う際の照合枠としても活用できるのが，生物－心理－社会モデルです。具体的には，生物的要因，心理的要因，社会的要因がどのように絡み合って，問題を成立させ，維持させている悪循環の回路が形成されているのかを明らかにしていくことになります。分析された要因間の関係を再構成し，問題の成立と維持のメカニズムとして"問題の成り立ち"（メカニズム）を明らかにしていくわけです。

　スミコさんの場合，問題を悪化させる要因として，「自分は周囲の期待に応えられなくて申し訳ない」という認知（考え方）の偏りが生じていました。これは，心理的要因です。その結果，まわりに気を使いすぎ，自分ひとりで我慢するパターンができてしまっていました。では，なぜ，動悸や身体の震えといったパニック発作が起きてしまったのでしょうか。問題発生の契機としては，育ったのとはまったく異なる家父長制の大家族の嫁ぎ，自分を抑えて無理にその文化に慣れようとしたことが，強いストレスとなっていたことがあります。そのような社会的要因がパニック発作が発生す

る状況因になっていたといえます。

　では，文化の異なる環境に入ってストレスを受けると，誰でもパニック障害になるのでしょうか。なぜ，ストレスが，他でもないパニック発作という問題となって現れたのでしょうか。強迫性障害でも全般性不安障害ではなく，パニック発作という形を取ったのは，どうしてなのでしょうか。その点については，すでに第8回の講義で解説したように，これまでの研究からさまざまな生物的な刺激（例えば，二酸化炭素の過吸入や呼吸亢進）が，パニック発作という身体反応を引き起こす誘因となるということがわかっています。生物的な刺激が，患者の，パニック発作を起こしやすい生物的な偏りや素因を活性化するわけです。このような生物的要因については，パニック障害は家族内で遺伝し，二卵性双生児よりも一卵性双生児において一致率が高いということも見出されています。つまり，遺伝的素因が関連しているわけです。実際，スミコさんの実父は，自律神経失調症として語られていましたが，実際にはパニック発作に似た症状を呈していたのです。したがって，スミコさんは，ストレスや不安がパニック発作という形を取って現れやすい体質という生物的素因をもっていたことが推測されます。

　では，パニック障害は，生物的素因のみによって生じるのでしょうか。この点に関しても，すでに第8回講義で指摘したように，最近の認知理論では生物的刺激が誘発した身体感覚を誤って心臓発作や脳卒中の兆候であると解釈する傾向がある，つまり誤った認知をしがちな人の場合，不安が循環的に増幅し，さらなる身体的不安反応（過呼吸，発汗，震えなど）を呼び起こし，最終的にはパニック発作に至るとされています。その点では，不安によって身体感覚を誤って認知するという心理的要因，つまり"認知機能"の問題がパニック障害の要因として深く関わっていることになります。実際に，スミコさんは，夫の実家に入ったあとから目眩を感じており，パニック発作を起した時点ではすでに自己の体調管理については自信を失っていたということがありました。

　パニック発作後にはさらに予期不安が高まり，すべてを否定的に考えるようになり，最終的にパニック発作を起こしました。その後は，どんどんひきこもる（回避反応）ようになりました。その結果として，嫁としての仕事ができなくなり，社会的に孤立し，自信をいっそう失うとともに家族や社員からも非難され，抑うつ感を強くしていったのです。このように社会的孤立という社会的要因が問題を深刻化させることになっていました。

また，抑うつ状態になることで，悲観的認知が強まり，「期待に応えられなくて申し訳ない」という被害的な認知も強まっていきました。その結果として，「うつ病」という診断が下ることになったわけです。

4　問題の成り立ちに基づいて介入の方針を決める

　収集された多元的情報を統合して問題の成り立ちに関する仮説を生成し，それによって問題の意味を明らかにしていく過程は，問題のフォーミュレーションと呼ばれる作業に相当します。臨床心理アセスメントの対象となる問題は，何らかの機能や意味をもっているからこそ維持されているとみることができます。その機能や意味を明らかにするのが問題のフォーミュレーションの目的です。前節では，生物－心理－社会モデルの観点からスミコさんの問題の成り立ちを記述しました。そこで記述されていたのが，問題のフォーミュレーションに相当します。

　次に，フォーミュレーションによって問題の機能や意味が明らかになれば，自ずと介入の方針も決まってきます。方針が定まることで，ケース・フォーミュレーションが完成したということになります。これが，臨床心理アセスメントの最終目標となります。このケース・フォーミュレーションの手続きについては，第5章で詳しく解説します。

　スミコさんの事例についても，臨床心理士は，上記の問題のフォーミュレーションに基づいて介入の方針を定めました。まず，問題のフォーミュレーションの内容をスミコさんに伝え，その適切さを確認したうえでそれを主治医に伝え，介入の手続きを検討しました。

スミコさんの事例の続き：臨床心理士による介入

　　臨床心理士は，主治医と相談して，まずは抑うつの治療を，それぞれ役割分担をしながら協働して行うことになりました。臨床心理士が，スミコさんに生物－心理－社会モデルの観点からパニック発作と抑うつが悪化する悪循環の回路が成立していることを説明しました。また，主治医は，入院し，心身ともに休養できる環境で抗うつ剤による治療を集中的にすることの必要性を説明しました。当初は，家を出ることを不安がっていたスミコさんですが，最終的に納得して入院となりました。スミコさんの入院に当たっては，主治医と臨床心理士が看護師と打ち合わせ，看護師が

意識してスミコさんの訴えを聴くように心掛け，彼女の自己表現を促す環境を整えました。

　入院中に臨床心理士がスミコさんに面接し，「期待に応えられなくて申し訳ない」という認知（考え方）の修正をするとともに，自己表現することを強化しました。例えば，抗うつ剤の副作用が辛いと洩らしたことを主治医に表現することを課題としました。それと並行して臨床心理士は，そのことを主治医に伝え，スミコさんが副作用のことを主治医に話しやすい環境を整えました。また，見舞いに来た夫を含めた夫婦面接を行い，夫婦間のコミュニケーション，特に目眩や動悸などの身体的変調が感じられたときに夫にそれを伝え，助けを求めるように促すとともに，それを夫が受け止める練習をその場で行いました。さらに，スミコさんが入院中に，ソーシャルワーカーが家族を訪問し，実父を含めて家族全員にスミコさんの状態を説明し，退院後にスミコさんの話を聴く体制を整えました。

　スミコさんは，少しずつ自己表現ができるようになりました。抗うつ剤が効いたこともあって入院環境のなかで安心して休養できるようになり，抑うつ感情は消失していきました。その後，退院したスミコさんは，医師による薬物治療と臨床心理士による心理療法，特に認知行動療法を継続しました。パニック発作が実際に起きることはなくなったのですが，いつパニックが起こるかもしれないという予期不安が残っていました。そこで，少しずつ外出することを課題として，破局的なことが起きるという認知の誤りを修正していくことを試みました。それは，スミコさんが不安と感じてパニックを起こしやすい場面に徐々に直面させていく暴露法（エクスポージャー）という介入法でした。そのような介入をする場合，一時的に不安が強くなります。そこで，主治医と相談し，不安が高まったときの対応策を協議したうえで介入を始めました。暴露法が功を奏し，1年後にはひとりで外出できるようになりました。

　その後，夫と同居するために，再び中国地方にある夫の実家に戻ることになりました。そこで，臨床心理士は，夫の実家でのストレス対処法を話し合うために夫婦面接を繰り返し行いました。具体的には，スミコさんの自己主張訓練をするとともに，夫には

> 妻のサポートをできるように心理教育を行いました。また，夫の実家がある地域の保健所のソーシャルワーカーに連絡をし，スミコさんが地域で孤立しないようにソーシャルサポートを形成するように依頼しました。その後，スミコさんは，地元の精神科クリニックで投薬治療を受けながら，保健所の母親グループに参加し，再発することもなくなり，第2子を設けるまでになりました。

　以上の介入経過において特徴的なのは，生物−心理−社会モデルを背景とした多職種の役割分担による協働です。このことからわかるように生物−心理−社会モデルによる問題理解は，多職種のチームによる介入をもたらすという利点があります。まず，看護師の協力を得て，入院を活用しての環境調整（社会的介入）による身体的休養（生物的介入）を集中的に行いました。そこでは，医師による薬物療法（生物的介入）が並行して行われていました。ある程度休養が取れた時点で，薬物療法（生物的介入）に加えて，臨床心理士による認知行動療法（心理的介入）を開始し，心身両面からの介入を組み合わせた援助が行われました。最終的には，夫婦面接（心理的介入）や，ソーシャルワーカーによるソーシャルサポートの形成（社会的側面）といった介入も行いました。

　このように医療職，心理職，福祉職といったさまざまな専門職が協働して，チームとして問題に対処することが効果的な治療に結びついたといえます。また，介入に当たっては，常に問題の理解と介入方針を患者に説明し，インフォームドコンセントを行いながら，治療を行いました。この点では専門職と患者との協働としてチームを構成することも治療の重要なポイントとなっていたといえます。

5　おわりに

　日常生活を送るうえで，何らかの支障が起きたときには，その契機が生物，心理，社会のいずれかの領域の出来事であっても，最終的には生物システム，心理システム，社会システムが相互に影響し合って問題が発展してくることになります。そのため，問題への介入については，生物−心理−社会モデルに基づき，さまざまな専門職が協働して行う総合的な介入や援助が必要となるのです。最近の研究では，癌のような身体的病気であっても，ストレス対処に関わる心理的要因や安心できるソーシャルサポー

トといった社会的要因が深く関連していることが明らかとなっています。精神障害や心理的問題であれば、当然のことながら心理的要因や社会的要因が重要な因子となっていることが想定されます。

　これまでの日本の臨床心理学では、生物－心理－社会モデルは重視されることはありませんでした。それは、心の内面を重視する考え方からすれば当然の帰結といえます。内面を重視する考え方では、上記の心理システムのなかでも特に感情やイメージに焦点を当てます。しかも、「心」を閉鎖的システムとみなし、その内的世界の深層に潜む無意識の分析や表現を介入の目標とします。そのため、生物、心理、社会の各システムを開放的システムとみなし、相互の関連性を重視する生物－心理－社会モデルのような包括的システムとは相容れないことになるのです。

　残念なことではありますが、このような発想が日本の臨床心理学の発展を阻害しているのです。したがって、日本の臨床心理学発展のためには、生物－心理－社会モデルを基本モデルとして積極的に取り入れ、包括的なアセスメントの枠組みで問題を理解するとともに、他の専門職と協力して問題に介入する開放系のシステムを構築することが、日本の臨床心理学の緊急の課題となっているといえます。

❖さらに深く理解するための文献

1）『専門職としての臨床心理士』東京大学出版会，
　下山晴彦（編訳），2003

　今回の講義で解説した生物－心理－社会モデルで問題の成り立ちを理解したうえで介入していく方法を採用した場合、さまざまな専門職が協力して問題の解決に当たることになる。
　生物的側面は医療専門職（看護職を含む）、心理的側面は心理専門職、社会的側面は福祉専門職や行政職が担当し、チームで問題に取り組むのである。そのような形態になった場合、臨床心理学の活動は、以前のような個人心理療法を面接室内で行うという限定されたものではなく、幅広く社会的場面に介入していくコミュニティ活動が重要な役割をもつようになる。本書は、そのような新しい臨床心理学の活動が発展している英国の状況に基づいて、臨床心理士の専門活動の実際を領域別に解説したものである。今後の日本の臨床心理学の発展モデルを理解するうえで大いに役立つ書物である。

第 4 章

アセスメントを意味あるものにする

第11回講義

問題の意味を探る

1 問題の"意味"を探る

　臨床心理アセスメントは，最終的には，事例の当事者にとって意味あるものでなければなりません。それは，その後の介入が，事例の当事者にとって意味あるものとなるということです。

　もちろん，アセスメントを実施した者が，その後の介入の担当者にならない場合もあります。例えば，医師から依頼を受けて臨床心理アセスメントを実施する場合などは，その後の介入は，医療的介入となることもあるでしょう。しかし，そのような場合であっても，アセスメントは，介入を意味あるものにするためになされるものです。むしろ，その後の介入を他の専門職がする場合，あるいはチームで行う場合にこそ，クライエントにとって介入を意味あるものにするためにアセスメントの結果をしっかりと出しておかなければならないといえるでしょう。

　そこで，今回の講義では，臨床心理士が知能検査を依頼された事例を参考として「アセスメントを意味あるものにする」ということを考えていくことにします。

2 事例　チカさん

　　チカさんは，普通学級に通う小学校5年生の女の子です。チカさんは，小学校低学年のときから成績が悪く，また振る舞いも幼稚なところがありました。新しく担任になった男性教諭は，知的能力に問題があると考えていました。
　　そのようなチカさんが，半年前くらいから人から声をかけられると逃げ出してしまう，奇妙な行動を取るようになりました。そのことで親や教師に注意されても，その行動を止めることはありませんでした。むしろ，叱られれば叱られるほどに，その行動を熱心に行うような面がありました。そのため，クラスの集団活動

などにも支障をきたすようになりました。

　そこで教諭は，彼女の対応についてスクールカウンセラーである臨床心理士に相談をしました。そのとき，教諭は，臨床心理士に「参考資料にしたいので，知能検査をしてほしい」と依頼しました。実は，教諭は，そのような奇妙な行動は，チカさんの知能に何らかの問題があるために生じた問題行動と理解し，チカさんを特殊学級に移動させることを考えていたのでした。

　知能検査の結果は，IQ 69であり，軽度の知的障害の存在を示すものでした。検査を担当した臨床心理士は，知能検査の結果を教諭に伝えるだけでは，臨床心理アセスメントをしたことにならないと考えました。というのは，チカさんが，なぜ，そのような不可解な，あるいは不適切な行動を繰り返すのかについての理由が明らかではないからです。軽度の知的障害があっても，そのような行動をしない子どもは数多くいます。むしろ，ほとんどの子どもは，そのようなことはしません。

　では，なぜチカさんは，叱られるのにもかかわらず，そのような行動を繰り返したのでしょうか。臨床心理士は，彼女にとって何らかの"意味"があったからこそ，その行動を繰り返したのだと考えました。つまり，その奇妙な行動は何らかの"意味"をもっているからこそ繰り返されたのであり，それを明らかにするのが臨床心理アセスメントと考えたのです。

　そこで，臨床心理士は，学校場面におけるチカさんの行動を観察することにしました。するとチカさんは，逃げると教諭が追いかけて「なぜ逃げたのか」を問うことを楽しんでいるようにもみえました。さらに，教諭に叱られることを喜んでいるようにもみえました。また，学校での生活を観察してみると，チカさんは，自分から人に話しかけることもなく，いつもひとりで孤立していることも明らかになりました。そのような観察データから，臨床心理士は，「問いかけられて逃げるという行動は，対人関係を楽しむ意味をもっているのではないか」との仮説をもちました。そして，チカさんと面接して話を聴くようにしました。

　臨床心理士は，最近の友だち関係や家族の状況など，対人関係を中心にチカさんの話を聴いていきました。そこでわかったのは，工場勤務であった父親が失業をし，その代わりに母親が夜の仕事

のパートに出るようになり，家に帰っても母親がおらず寂しいこと，学校でも多くの生徒は塾通いなど進学準備を始めており，話す友だちがますますいなくなったことなどが明らかになりました。そして，「笑って逃げると，先生が追いかけてくれるし，皆も注目するので嬉しくなる」と語ったのです。それを聴いた臨床心理士は，「声をかけられて逃げる行動は，注目を引くためのコミュニケーション行動という意味をもっている」と仮説を修正しました。

次にその仮説を確かめるために，担任教諭に「彼女が逃げ出しても追いかけないようにしてみてください」と伝えて，様子をみることにしました。すると，チカさんは，当初は追いかけない教諭に戸惑っていましたが，次第に逃げるという行動をしなくなりました。その代わりに教諭に声をかけてもらおうと，まとわりつくようになっていきました。

3　問題行動の意味

結局，チカさんの真の問題は，対人コミュニケーション・スキルを学習していないということでした。実際に軽度の知的障害があっても，挨拶がしっかりできて，先生や友だちとも関係を適切に保つことができる子どもは存在します。したがって，知的障害が問題行動の原因と考えるのは，単純に過ぎます。それは，誤った推論というだけでなく，「器質的障害だから，もう治らない」という誤ったレッテルを貼ってしまう危険性もあります。生物学的要因，つまり器質障害に由来する知的障害によって対人関係の能力が低下するという発達の遅れが生じているということもあるかもしれません。しかし，対人コミュニケーションのような生活機能のスキルは，学習によって改善される可能性は高いのです。

チカさんは，心理的には対人接触を求める欲求が強く，その結果として"笑って逃げる"という対人行動を取ることで，その心理的欲求を満たそうとしていたと理解できます。つまり，チカさんは，他者の注意を引くための手段として，逃げるという行動を活用していたわけです。したがって，"笑って逃げる"という行動は，彼女の心理的欲求を満たすという"意味"をもっていたのです。教師が彼女を追いかける限りは，その問題行動は，有効に機能していたので維持されていたのです。

ここで，知能検査の結果を示されただけならば，教諭は「知能が低いか

ら，適切な行動ができないのだ」といった，短絡的な意味解釈をしてしまう可能性が多分にありました（これは，第8回講義で解説した"問題"を判断する標準的基準と病理的基準の誤用となります）。そうなると，その子の問題行動は知的障害のなせる業となり，彼女の人と関わりたいという気持ちは無視され，さらには知的障害児としてレッテルが貼られ，社会的不利な状況がもたらされる危険性も出てきます。

　幸い，上記事例では，臨床心理士が，教諭の推論的判断（憶測）をそのまま受け容れるのではなく，行動観察や面接を組み入れた包括的なアセスメントを実施し，問題行動の意味を明確化することができました。子どもの行動は，単に知能だけで決定されているわけではありません。少なくとも家庭や学校という社会的環境のなかで生活し，活動しているのですから，環境も決定要因として関わってきます。そこで，知能検査の結果に加えて，生活場面での行動観察や本人の気持ちを聴く面接などをして，その状況のなかで問題が起きてくる意味を探っていく包括的なアセスメントをすることが必要となるのです。そして，そのような問題を発生させ，維持させているメカニズムがみえてくることによって，その行動の意味が明らかとなります。本事例では，"笑って逃げる"という問題行動は，チカさんの"人と関わりたい"という欲求を満たす手段としての機能と意味をもっていました。

　したがって，介入は，単に"笑って逃げる"という行動を抑制するだけでは，何も意味をなしません。笑うことを止めたとしても，それに代わる他の問題行動で，同様の欲求を満たす試みを始めるはずです。肝心なのは，"笑って逃げる"という行動に代わる，適応的な対人行動の学習を促すことです。具体的には，まずは"人と関わりたい"，あるいは"寂しい"という自己の気持ちを，チカさん自身が意識できるように援助します。

　そして，そのような気持ちが生じたときに，問題行動をするのではなく，自分から教諭やクラスメートに声をかけるといった，適切なコミュニケーション・スキルの学習を援助していくことになります。また，それと同時に教諭や親，さらには同級生にも彼女の行動の意味を伝え，彼女が新しいコミュニケーション行動を習得するのをサポートするのに協力してもらう体制を整えます。周囲の者は，彼女が自分から周囲の人に声をかけるといった適切なコミュニケーション行動を取ったときには，喜んで応えたり，それを褒めたりするようにします。それによって，問題行動が抑制されるだけでなく，チカさんの生活機能のスキル習得が進むという積極的な介入が可能となるのです。

4　問題行動の"機能"に注目する

行動から機能の分析へ

　問題の意味を明らかにするために必要となるのが，"機能"の視点です。行動が"動き"であるならば，機能は"働き"です。機能とは，『広辞苑』によると「物のはたらき。相互に関連しあって全体を構成している因子が有する固有な役割。また，その役割を果たすこと」となっています。また，"Oxford Dictionary"では，functionは，'1) a special activity or purpose of a person or thing. 2) a social event or official ceremony'となっています。したがって，機能とは，「何らかの目的をもち，それらが因子として相互に関連し合って全体を構成する働き」となります。つまり，"働き"とは，何らかの目的に沿った結果を生み出すための活動であり，"動き"に意味を与えるものなのです。

　例えば，私たちは，「その行動は，どのような働きをしているのか」といった表現を使います。その場合，"行動"は実行された事実であり，"働き"は，その行動の目的や意味に相当します。このように考えると，"動き"と"働き"，"行動"と"機能"の違いが明らかになります。役に立つ"働き"といった場合，何らかの目的を果たすのに役立っていることを意味しています。働きや機能という視点においては，何らかの目的を果たすために役立つものであるということが含意されているのです。

　したがって，"機能と働き"という観点を導入することで，"行動と動き"を，何らかの目的を満たすという意味をもつものとして解釈することが可能となります。問題の意味を探るということは，その問題行動がどのような働きをしているのか，その行動がどのような機能を果たしているのかを明らかにすることです。例えば，第4回の講義で紹介したパニック発作を呈した事例において"ひきこもる"という社会的行動がみられました。しかし，それは，パニックが引き起こされる場面を避け，さらにはクライエント自身が不安を感じる場面を避けるという"働き"をしていたのです。その点で"ひきこもり行動"は，不安に直面化するのを回避するという目的を果たしていたことになります。それが，ひきこもり行動の"意味"でした。ひきこもり行動は，クライエントが不安から自分を守るという機能をもっていたのです。

実際の事例では，生物，心理，社会の要素は，相互に影響し合って，事態を悪化させ，問題を維持する悪循環が形成されています。先述のパニック発作を呈した事例でも，"生物的脆弱性"と"認知の誤り"と"社会的ひきこもり"が重なって，発作を維持させるだけでなく，不安と抑うつを強めてしまう悪循環のメカニズムが成立していました。このようなメカニズムが成立しているということは，機能が重なり合い，ひとつの意味をもつに至っているということです。

　ところで，「その意味とは，何にとっての意味なのか」ということは重大です。当事者にとっての意味ということは大切です。しかし，当事者が関連する他者や組織にとって意味があるということもあるでしょう。したがって，問題の意味を検討する際には，「誰にとっての意味なのか」ということを常に考慮しておく必要があります。このようにして，行動を記述し，問題のメカニズムを明らかにする第1段階から，その問題の"意味"を機能の観点から明らかにしていく第2段階へと移行していきます。そして，それが機能分析に相当することになります。

機能分析は，介入につながる

　このように問題行動を機能の観点から分析することで，問題を引き起こし，さらに維持させる要因を明らかにすることが可能となります。これは一般に，機能分析（functional analysis）として知られているものです。つまり，問題を単に記述するに留まらず，その問題が起きている場面において，その問題が果たしている機能と役割に注目し，その意味を明らかにするのです。そして，問題の素地をなす複数の要因が，問題を発生させる引き金となる"誘引刺激（trigger）"とどのような相互作用を有しているかを見出していきます。上記事例では，他者，特に教諭の呼びかけが誘引刺激，つまりチカさんの問題行動の引き金となっていたのです。

　このような機能分析は，あらゆる問題行動に適用できます。精神病院で，入院患者が攻撃性を爆発させたとしましょう。そのような場合，機能分析としてのアセスメントは，その引き金となるような行動パターンを正確に把握し，心理学的に複雑に絡み合った要因間の関係を見出すために用いられます。具体的には，精神病院において患者が攻撃性を爆発させる引き金となった誘引刺激を明らかにするとともに，その背景にある人間関係の複雑な絡み合いを心理学的な観点から明らかにします。

　臨床心理学の対象となる問題への介入が成功する鍵は，臨床心理アセス

メントを通して適切な機能分析ができるかにかかっているといえるでしょう。機能分析をすることで，問題がクライエントの日常生活とどのように関わっているのかを明らかにできます。例えば，抑うつ，不安，摂食障害といった問題がみられた場合，アセスメントによって，その問題が患者の日常生活の局面とどのように関連し，日常生活においてどのような機能や意味を担っているのかを明らかにできるのです。そして，それが，介入の成否に関わってきます。

　機能分析によって明らかとなる問題の意味は，その後の介入の基盤を提供します。問題を維持させているいくつかの要因が特定できれば，それらの要因を修整することで，当初の問題を変化させることができるでしょう。例えば，上記の"声をかけられると笑って逃げる動きを示す"事例では，対人コミュニケーション・スキルが欠けていたのです。したがって，適切なスキルトレーニングをすることが有効な介入となるでしょう。

5　おわりに

　今回の講義は，機能の観点から問題行動の"意味"を探ることの重要性を指摘しました。ここで注意していただきたいのは，問題の意味の解明は，あくまでもアセスメントの最終段階においてなされる作業であるということです。何をおいても重要なのは，事例においてどのような出来事や行動が起きているのかという事実を厳密に把握することです。したがって，第1段階において問題の事実を確認し，その結果に基づいて，第2段階の意味の解明に進むことになります。

　それに比較して心理臨床学の学会専門誌に記載される研究などでは，事実の記載よりも，特定の理論に基づく意味付与が先行している感があります。事例研究と銘打ってありながらも，ある特定の理論の正しさを主張するために事例が利用されているという面が強いようです。そのような場合には，既存の理論や立場がまず前提とされてしまっています。したがって，そこでは，事実から意味を見出すのとは異なる作業がなされることになります。既存の意味を事実に当てはめて恣意的な解釈をすることになってしまうのです。それでは，臨床心理アセスメントとはいえません。

　事実から意味を見出すためには，データを収集し，事実を確認し，仮説を立て，それを検証し，修正するプロセスを経て意味を見出していく作業がなされなければなりません。そうすることが，真の意味における事例の

研究といえるのです。それは,「事実としての行動」から「意味としての機能」を見出していく作業です。事実（fact）としての行動があってこそ,その行動の機能（function）として意味を見出すことができます。そのような場合は,事実に基づくことによって意味は力を与えられます。

逆に,事実がないところに意味を付与しても,それは,憶測に過ぎません。そのような場合は,事実を無視して,理論から憶測した意味を当てはめることになっています。そこでは,意味は,事実に基づく力を得ることができません。その代わり,その理論をどれだけ信じているのかといった信念が重要となります。そうなると理論は,ドグマになってしまいます。日本の臨床心理学においては,学派の理論への信仰や,それに基づく憶測的意味解釈を横行させないためにも,事実としての行動に基づくアセスメントを発展させることが重要となります。

❖さらに深く理解するための文献

1)『認知行動療法入門,金剛出版』,
　　下山晴彦（監訳),2004

　機能分析では,その問題が起きているコンテクストに照らし合わせて問題の意味を明らかにしていくことになる。具体的方法としては,コンテクストを「刺激－反応－結果」の過程として理解し,機能の観点から問題の意味を明らかにしていくことになる。その際,反応のなかでも特に認知的反応に注目し,そこにおいて生じているクライエント自身の主観的意味づけの偏りを分析していくのが認知療法である。本書は,認知療法を主とする認知行動療法をわかりやすく解説しており,参考となる。

第12回講義

機能分析の方法

1　はじめに

　問題の意味を探っていく過程は，2つの段階を踏むことになります。まず，第1段階は，問題を成立させているメカニズムを明らかにする段階です。第2段階は，そこに潜んでいる意味を見出していく段階です。そして，第1段階では"行動"に注目することが，第2段階では"機能"に注目することが，有効なフォーミュレーションをするための要点となります。

　まず，第1段階についてみていきます。行動に注目することで，生物的要素，心理的要素，社会的要素が重なり合って問題が成立し，維持されているメカニズムを描き出すことが可能となります。ただし，ここで注意しなければならないのは，行動そのものは"意味"をもたないということです。行動とは，単なる"動き"だからです。

　私たちは，真空のなかで生きているのではなく，何らかの状況や環境のなかで活"動"しています。状況や環境に対応して私たちは，行動するのです。その際，私たちの身体の動きは，生物的要素に由来する身体的能力と密接に関連します。私たちの心の動きは，状況や環境，そして自身の身体的能力を認識し，自らの動きを操作する心理的能力と密接に関連しています。私たちの社会的な動きは，私たち自身の対人関係のあり方や社会的役割と密接に関連しています。そして，身体的動き，心理的動き，社会的動きが相互に関連し合って私たちの行動が成立しているのです。そこで，それらの要素に何らかの障害や偏りがあった場合には，私たちの動きは，問題を引き起こすことになります。したがって，さまざまな動きに注目し，そこで起きている事態を記述することで，問題の事実を把握することができるのです。これが，問題の行動分析です。

　しかし，なぜ，そのような事態が生じてしまったのか，そしてそれが問題であるのにもかかわらず，なぜ維持されてしまっているのかを理解するのは難しいものです。問題が成立し，維持されてしまっている理由を理解するためには，問題の"意味"についての分析が必要となります。何らか

の"意味"があるからこそ,それが問題としてありつづけているのです。そこで,第2段階におけるアセスメントのテーマは,問題の"意味"を明らかにすることとなります。これは,問題の機能分析となります。ここでは,事例の意味を探っていくことが問題のフォーミュレーションの目標となります。

2 行動から機能へ

　収集された多様なデータを系統的に整理し,問題のメカニズムを明確化するために,生物－心理－社会モデルをどのように適用するのかが課題となります。その際に役立つのが"行動"に注目することです。なぜならば,第9回講義で指摘したように,行動こそが,生物システム,心理システム,社会システムの3側面が重なり合い,相互に影響を与え合う接点となっているからです。さらに,それに加えて行動に注目することで,問題行動の意味を見出すことが可能となるからです。

　ここで論じている"行動"は,伝統的な行動療法が強調するような客観的対象としての行動ではありません。ここでいう"行動"の概念には,人間の認知機能に基づく活動も含まれています。つまり,人間の主観や主体性も,主体的行動として"行動"に含まれるのです。その点で,それは,単なる客観的行動 (behaviour) ではなく,行為 (act) や活動 (performance) といった用語を使用したほうがよい概念かもしれません。なぜなら,それは,状況との関連で動き,そして状況に影響を与えている主体的な動きとして位置づけられるものだからです。人間は,状況において何らかの刺激を受け,それに対して反応や判断をし,状況のなかで行動します。そして,行動の影響を受けた状況は,刺激となってその人に影響を与えます。したがって,人間は,常に状況との相互作用のなかで行動していることになります（図12-1）。主体としての人間の行動は,そのような状況との相互循環的影響のなかで維持される場合もあれば,中断する場合もあります。

　このように"行動"は,常に状況との関連の中で動いているものとして定義されます。"行動"は,状況が何らかの刺激となって起きます。その場合,身体がそれに自動的に反応する場合もあれば,意識して判断をする場合もあります。しかし,いずれにしろ,状況のなかで人は"行動"するのです。そして,"行動"は,状況において何らかの結果を生じさせます。さらに,その結果が新たな状況を生み出します。これが,一連のプロセスと

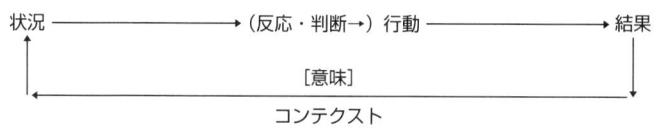

```
状況 ─────────→(反応・判断→)行動 ─────────→ 結果
      [意味]
   コンテクスト
```

図 12-1　状況と行動の循環

なっています。このような「状況－"行動"－結果－（新たな）状況」のプロセスは，ひとつのコンテクストを形成します。

そこで，コンテクストという枠組みを前提とするならば，"行動"は，そのコンテクストにおいて，ひとつの機能を果たしているということになります。そして，それがどのように機能しているのかということが，行動の"意味"を形成します。例えば，問題行動があっても，その問題行動を含むプロセスが維持されているならば，その問題行動は，プロセスを維持させるための，何らかの機能を果たしていることになります。一見したところ，不適切にみえる問題行動であっても，全体のコンテクストからみた場合には，実はそれ以外の，そのプロセスを維持させる意味をもっていることが明らかになるのです。

したがって，"行動"は単独で取り上げられる対象ではなく，状況のなかで"機能"している動きということになります。"行動"は，機能ということを介して，生物，心理，社会の次元に深く関わっているのです。つまり，生物的次元は身体機能として，心理的次元は心理機能（そのなかには，認知や感情に加えて，内的世界に関連するイメージ，心象，記憶も含まれる）として，社会的次元は生活機能として状況と関わっています。このように考えた場合，"行動"を"機能"としてみていくと，より細かな部分を把握していくことが可能となります。しかも，所与の状況のなかでどのように機能しているのかということは，同時にその行動がどのような"意味"をもつのかということにつながります。

3　機能分析を活用する

機能分析の考え方

「クライエントの示す問題行動は，たとえそれが問題であっても，何らかの機能を果たしている」と考え，その機能を探り，介入に向けての方針を立てていくのが機能分析の基本的な考え方です。例えば，"多動"を示す子

どもがいたとしましょう。その子どもに「注意欠陥多動性障害」と診断名を付けたとしても，それでその問題の解決に向けての臨床心理学的介入の具体的方針が定まるというものではありません。そこには，器質的な障害が関わっている可能性があります。しかし，それだけが問題発生の要因ではないでしょう。過度の刺激といった不適切な環境によってもたらされている状態かもしれません。あるいは，前回の講義で示した事例チカさんのように，対人的注意や社会的関心を引くための手段となっているのかもしれないのです。もちろん，このようなさまざまな要因が重なり合って多動という問題が成立している可能性が多分にあります。

いずれにしろ，「注意欠陥多動性障害」という診断が付いたとしても，どのようなメカニズムによって，その子の多動が形成され，維持されているのかがわからなければ的確な介入はできないのです。少なくとも，その多動が続いているというのであれば，それが維持されるメカニズムがそこにあるはずです。そして，多動という行動は，そのメカニズムのなかで何らかの機能を果たしているとみることができます。機能分析では，そのような考え方に基づいてクライエントの問題行動を何らかの目的にかなうものとみなします。つまり，問題行動を支配し，維持しているメカニズムがあり，クライエントの問題行動は，そのメカニズムの目的に沿った機能を果たしていると考えるのです。

そこで，機能分析にあっては，「その子の多動という行動がどのような場面や状況で生じているのか」，「その多動という行動がどのような結果をもたらしたのか」という点についての情報を徹底して収集し，その行動の背景にあるメカニズムを明らかにしていきます。したがって，機能分析では，いわゆる問題行動のみを事例の問題とみなすのではなく，その行動を形成し，維持させているメカニズムを問題とみなすことになります。介入に当たっても，その問題行動のみを対象として介入するのではなく，問題行動を含む，そのメカニズム全体を変えるための介入をすることになります。

機能分析の方法

機能分析には，基本的側面と発展的側面があります。基本的枠組みは，行動療法の行動分析によって構成されています。初期の頃の機能分析は，この行動分析が主要素となっていました。行動分析は，周知のように刺激－反応－結果の3項随伴性によって問題行動のメカニズムが形成されていると考えます。そこでは，問題行動は，刺激によって引き出された反応

とみなされます。また，反応の結果として生じる事態は，問題を維持する要因となっていると考えられます。そこで，アセスメントにおいては，問題行動に関連する要因のうち，どれが問題行動を誘引している先行要因（先行事象）であり，どれがその問題行動の結果として生じる要因（後続事象）に相当するのかを明らかにするために情報を集めることになります。行動分析では，問題行動を適切に変化させるためには，その行動の原因となっている変数，そしてその行動を維持させている潜在的変数が何なのかを知ることが重要となります。問題の原因を突き止めることで，問題が発現するメカニズムについての仮説を発展させることができるからです。また，問題の原因がわかれば，それとの関連で，問題行動のメカニズムに関する仮説に基づく予測の妥当性を検討することが可能となり，介入の方針が定まってくるということもあります。機能分析は，このような行動分析の考え方を基本的側面として引き継いでいます。

　ただし，行動分析では，現在の問題状況における行動を把握することのみが目指され，それ以上の作業が求められることはないといえます。それに対して機能分析の発展的枠組みでは，図12-2に示すように「認知的－言語的」，「生理的－身体的」，「行為的－動作的」の3モードからなる反応システム分析が組み込まれるようになっています。これは，個人の反応の仕方を，「行動」以外の反応も含めて体系立てて分析しようとするものです。問題状況における反応には，狭い定義の「行動」以外にも，言語的反応や認知的反応など，さまざまな要素の反応があります。しかも，それらの反応は，きわめて相互作用性の強いシステムを構成しています。そのため，刺激－反応－結果の3項随伴性はそれぞれが独立しているのではなく，むしろさまざまな刺激－反応－結果の関係が相互に関連し合う構造となっています。問題を維持し，さらには悪化させるシステム，つまり悪循環の連鎖を構成することになっているのです。

　要するに行動分析では，問題行動を刺激－反応－結果の図式における反応行動として特定化することに目標が置かれます。それに対して機能分析では，問題行動の形成や維持には，単なる「行動」以外にもさまざまな要素が関連しているとみなし，問題行動をさまざまな要素から構成されるシステムの全体のなかに位置づけます。そして，そのシステムの全体との関連で，問題行動が形成され，維持されている悪循環であるメカニズムを明らかにし，最終的には問題行動の機能や意味を明らかにしていくことに目標が置かれます。

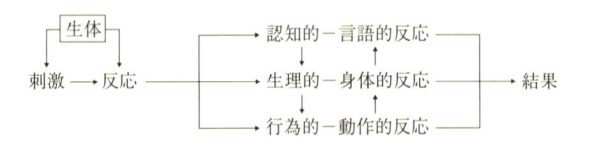

```
        ┌─── 認知的−言語的反応 ───┐
   生体  │         ↕           │
刺激 → 反応 ├─── 生理的−身体的反応 ───┤ → 結果
        │         ↕           │
        └─── 行為的−動作的反応 ───┘
```

図 12-2　3 反応システムの機能分析

　なお,「認知的−言語的」,「生理的−身体的」,「行為的−動作的」の3モードは, 生物−心理−社会モデルとの関連についていえば,「認知的−言語的」が心理の次元に,「生理的−身体的」が生物の次元に, さらに「行為的−動作的」が（特に対人的行為の場合には）社会の次元と関わってきます。その点で機能分析は, 生物−心理−社会モデルに基づいて情報を組織的に収集し, さらには収集した情報を整理し, 再構成して問題のフォーミュレーションを行う際の枠組みを提供することになります。

機能分析の利用の仕方

　上述したように事例には, クライエントの主訴に限らず, さまざまな問題や出来事が関連してくるので, なるべく幅広く情報を収集していくことが必要となります。したがって, 臨床心理アセスメントでは基本情報を収集した後に, 基本情報から派生して, 関連する問題や出来事の情報を幅広く収集することになります。このような関連情報に関しては, 一見しただけではクライエントの主訴とはまったく関係ないと思える問題もあります。また, クライエント自身は意識していないにもかかわらず, 主訴の原因となっていると思われる出来事もあります。

　そのような情報収集の作業を体系的に進めるうえで役立つのが機能分析の枠組みです。最初は, とりあえず主訴が示されます。そこで示された主訴はどのような出来事であるのかを, 機能分析の図式のなかに位置づけて考えてみます。それは, 認知−言語的反応なのか, 生理−身体的反応なのか, あるいは行為−動作的反応なのか, さらにはそれらが相互に関連して生じている反応であるのかをみていくことになります。例えば, 試験恐怖などの場合には, 試験というイメージに対して予期不安を感じる認知的要素が生理的要素を活性化し, 発汗や動悸といった身体症状とともに, 強い感情である恐怖症状を引き起こしているとみることができます。

　このように主訴を位置づけた場合,「その反応は, どのような状況で, そのなかのどのような刺激によって引き起こされているのか」,「その反応は,

他のモードの反応とどのように関連しているのか」，さらに「その反応の結果，どのような出来事が起きているのか」，「それは，クライエント本人や周囲の他者にどのように評価されており，主訴となっている問題の維持にどのように関連しているのか」といった問いが自然と出てきます。そのような"問い"に関連する情報を収集していくことで，少なくとも主訴を構成しているメカニズムがみえてきます。さらに，そのような問いを通して，主訴と直接，あるいは間接に関連する問題や出来事に話題を広げ，主訴の背景となっているさまざまな問題を含めて，情報を幅広く，しかも体系的に収集していくことが可能となります。

　このように機能分析の枠組みでクライエントの問題の理解をしていった場合，主訴と関連する情報として心理機能の障害が出てきても，それを単に精神症状として診断分類に位置づけるだけで満足して終わるということはなくなります。それが，精神症状であっても，それを刺激－反応－結果の図式のなかに位置づけると，そのクライエントにとって，あるいはクライエントを取り囲む状況のなかで何らかの意味をもっていることが明らかとなります。つまり，心理機能の障害は，単に病気の症状ということに留まらないことがみえてきます。それは，クライエントが環境からの刺激を受けて反応した現象でもあるのです。その刺激に対して生活場面としては適切に機能していないからこそ，問題が起きて，それが精神症状として位置づけられてしまうとみることができます。その点で精神症状は，心理機能の障害として理解できるのです。

　精神症状とされているものは，あくまでも刺激に対するひとつの反応なのです。したがって，その結果は，その人にとって特定の意味をもっているものなのです。非常に不快なものであると同時に，他者の注意を引くという意味をもっているかもしれません。このように事例の問題をクライエントが生活する場における刺激－反応－結果というコンテクストでみていったときに，そこには，単なる診断を超えた意味がみえてくるのです。精神症状，つまり心理機能の障害を抱えて生活している，そのクライエントの全体状況がみえてきます。そのようなクライエントの生活の全体状況のなかで精神症状を含めた問題の意味を探るのが，臨床心理アセスメントの目標となるのです。

4 おわりに

　人間の"行動"は，生物・心理・社会が重なり合ったシステムとして形成されています。もちろん，生物面，心理面，社会面の重なり方や，それをどのように理解するかは，文化によって異なるものとなっています。日本においては，"気"の概念にみられるように心身相関が強調されるとともに，生物，心理，社会の境界が曖昧で，むしろその三者が渾然一体となって作用している傾向もあります。それに対して欧米文化圏では，心身二元論などにみられるように生物的側面と心理的側面を客観と主観として明確に分化してとらえる傾向があります。

　このように文化による違いはあるにしろ，人間の行動が生物・心理・社会の重なり合ったシステムにおいて成立していること自体は，文化を超えた普遍的枠組みであるといえるでしょう。

❖さらに深く理解するための文献

1）『心理療法と行動分析』金剛出版，
　　高山巌（監訳），2001

　本書は，functional analysis を行動分析と訳して，その方法を解説している。単に問題を診断分類するのではなく，問題の機能を分析することでその意味を明らかにしていく機能分析の理論的背景を解説したうえで，多くの事例を用いて具体的な活用方法をわかりやすく例示している。個人だけでなく，医療場面や教師などの組織的な活動の機能分析の方法も解説されており，参考となる。面接法，観察法，質問紙尺度などの検査法を用いて機能分析を実行する具体的手続きが詳しく示されているのも参考となる。

第13回講義

問題のメカニズムを明らかにする

1 はじめに

　来談するクライエントのなかには心理機能の障害を抱えている人が少なからずいます。医療の領域で仕事をしている臨床心理士の場合，ほとんどのクライエントは，何らかの心理機能の障害を抱えているといえるでしょう。この心理機能の障害は，精神医学の領域では精神症状といわれています。精神医学では，精神症状がみられた場合，それをDSMなどの診断分類体系に位置づけ，精神障害の診断をします。医学的治療手続きは，その診断に基づいて明確に決まっています。そのため，心理機能の障害がみられた場合，臨床心理士であっても，精神障害の診断に基づいて医学的治療をするという枠内に自らの仕事を限定してしまう者も出てきます。しかし，それでは，臨床心理士の本来の仕事である心理援助を行うことができなくなってしまいます。

　そこで，臨床心理士には，心理機能の障害，つまり精神症状があっても精神医学的診断を超えて臨床心理学的介入を適切に遂行することに向けて必要な情報を収集することが求められます。さらに，収集されたさまざまな情報を臨床心理学的観点から再構成し，クライエントの問題が成立し，維持されているメカニズムを明確化していくことも求められます。そのように，精神医学的診断の限界を超えて，臨床心理学的観点から，事例の問題の構造を明確化していくための枠組みと手続きを提供するのが，前回の講義で紹介した機能分析です。今回の講義では，事例を通して機能分析の実際を解説することにします。

　以下に序章において掲載した「事例　カナさん」を再録します。本書をここまで読んできた皆さんは，本書の冒頭でカナさんの事例を読んだときよりも，問題をみる目が養われているのではないかと思います。改めて事例を読み，問題の成り立ちを考えてみましょう。

2　事例　カナさん

　小学校6年生のカナさんは，小児科医から紹介されて母親と一緒に来談しました。紹介状には，「手洗いのひどい患者さんです。薬物療法は，ほとんど効果がありません。また，まだ子どもであるのであまり強い薬物を使用することも躊躇されるので，心理的介入をお願いします」と記載されていました。

　カナさんの家族構成は，父親（46歳，会社員），母親（39歳，パート），姉（13歳，中学2年生）に，カナさんを加えた4人家族でした。臨床心理士が母親にこれまでの経緯を尋ねたところ，次のようなことがわかりました。

　母親は，会社中心の生活の夫に失望し，娘2人に期待し，勉学を強制していました。その夫が2年前に体調を崩して休職を繰り返すようになったことで，母親の娘たちへの期待はさらに強くなっていきました。姉は優等生タイプで母親に従っていましたが，カナさんは4年生頃より母親に反発するようになりました。5年生になった頃から手洗いへのこだわりが始まりました。6年生になり，クラスで盗難が連続してあり，たまたまカナさんがその場に居合わせることが多かったため，担任も含めてクラスの多くの者がカナさんを疑うという事件がありました。担任から連絡を受けた母親も当初カナさんを疑い，叱責するということがありました。その結果，カナさんは，学校および母親に不信感を強めていきました。

　それとともに手洗いへのこだわりが悪化し，「学校に関連あるものは汚染されている」と言って，帰宅後に30分以上かけて手洗いをするようになりました。また，「家のなかでも学校関連のものに触ってはいけない」とのルールを作るようになりました。そして，渡されたプリントも家族に渡さずに溜め込み，学校で使ったものと学校以外のものを分けて洗濯に出すようになりました。通常の通学路は，近道であるのにもかかわらず，汚らわしいと言って，その通学路を避けてわざわざ遠回りして登校するようになりました。鞄などの学校関連のものが特定の場所以外に触れた場合には，消毒液で繰り返し洗浄し，家族にもそれを強制するようになりました。

父親は，カナさんが「かわいそう」と言って，カナさんの言いなりになっていました。母親は，カナさんの手洗いを自分への反抗と考え，姉とともにそれを非難し，制止しようとしました。しかし，それをすればするほどカナさんが大声を出して興奮状態になるので，しぶしぶ従うようになっていきました。

　このような状態であったので，カナさんは，宿題をすることはなく，課題となっている提出物も出さないことが続きました。その結果，学校の担任とカナさんの関係はさらに険悪なものとなりました。また，学校からの連絡書類は汚いといって親にも触らせなかったので，母親は学校の行事や連絡事項を見落とすことがありました。そのようなこともあり，しばしば担任の教員からは，母親に対して問い合わせや催促の電話がしばしばかかってくるようになり，母親のストレスが溜まる一方でした。

　このような状況のなかで元々しっくりしていなかった両親の間の意見対立が激しくなり，その結果，父親は，抑うつ状態となり，入院となりました。

　さて，改めて読んでみてどうでしたか。上記の経過からは，カナさんの強迫症状が発現する背景には，母子間の対立と学校への不信感があったことはみて取れます。そのような状況においてカナさんの強迫症状は，家族や学校に対する自己主張という機能をもっていることも想像がつきます。つまり，強迫症状を示すことで，母親や担任に対抗していたという面もあったわけです。そのようなカナさんの態度に母親が反応して，強迫行動を制止しようとして，逆に強迫症状を悪化させるという悪循環も起きていました。このような問題の状況をどのように理解していくのがよいでしょうか。問題を発生させ，さらに維持，あるいは悪化させているメカニズムをどのように明確化していけばよいのでしょうか。

3　機能分析の進め方

　機能分析には，ミクロ的分析とマクロ的分析があります。ある特定の問題行動を形成し，維持しているメカニズムを刺激-反応-結果の図式において明らかにするのがミクロな機能分析です。しかし，実際には，ある特定の問題が，それだけで独立して維持されていることは少ないのです。通

常は，刺激に対する反応によって生じた結果が新たな刺激となって，さらなる問題を引き起こすということが起きてきます。そして，それらの問題が相互に関連し，問題を悪化させる悪循環の連鎖が構成されている場合が多くなっています。そのような複数の問題によって構成されている悪循環のメカニズムを明らかにするのがマクロの機能分析です。

　まずは，主訴とされた問題に関してミクロの機能分析をしていきます。それによって，次第に関連する他の問題や出来事が明らかになってきます。そのような手続きを経て事例の関連情報を幅広く収集していきます。その結果，次第に主訴以外の問題も明らかになってきます。そこで，主訴だけでなく，関連する問題や出来事を含めてリストを作成します。

　そうなると，マクロの機能分析が可能となります。複数の問題が相互に刺激－反応－結果の図式のなかで影響し合って事例の問題が維持されている全体構造がみえてくるのです。複雑で解決が難しい事例であればあるほど，それは，問題を悪化させる悪循環の連鎖となっています。しかも，それは，固定されています。ここで問題を成立させ，維持させているメカニズムを明らかにする作業を総称して，次回の講義で解説する"問題のフォーミュレーション"に相当することになります。

ミクロの機能分析のポイント：認知の偏りを探る

　既述したように機能分析においては，刺激に対する反応として「認知的－言語的」，「生理的－身体的」，「行為的－動作的」の3つのモードがあります。そのなかでも近年注目されているのが，認知的要素の役割です。というのは，臨床面でも研究面でも，否定的認知（思い込み）が不適切な認知処理スタイルや不適切な対人行動と密接に関連していることが明らかになっているからです。それは，ひどく否定的で悲観的な考え方，歪んだ原因帰属，低い自己効力感，社会的な孤立や抑うつと密接に関連しています。否定的認知がある場合，自己を安定した状態に調整することができなくなります。しかも，否定的認知は，そのような不安定状態を持続させるので，悪循環を引き起こします。その結果，問題解決を目指しての介入努力やその結果を台無しにしてしまうのです。

　否定的認知は，認知の誤りを生み出します。そのような認知の偏りのために，自分自身が自己に関する否定的認知をもっていることも，その結果として問題行動が生じていることにも気づくことができなくなります。また，認知の誤りによって，適切な介入プロセスを促進したり，介入の進展

や結果を正しく評価したりすることもできなくなります。むしろ，認知の誤りは，問題行動を自動的，かつ持続的に引き起こす要因となっているのです。したがって，認知の誤りを含む「認知的－言語的」モードが問題を形成し，維持しているメカニズムの有力な要素になっている可能性が高いのです。そこで，認知の誤りや否定的認知を見出すことが，問題のメカニズムを明確化する契機となります。

　では，上記の事例では，どのような認知の誤りが起きて，そしてそれにどのような要因が加わって問題を成立させ，維持させるメカニズムが成立していたのでしょうか。まず，「学校に関連あるものは汚染されている」という考えをもったことがカナさんの症状が発生する重要な要因になっていました。その考えは，実際に学校に関連するものが汚れていることはないので，認知の誤りといえるものです。しかも，彼女は，その考えを常に意識し，他者にもことばで伝えていました。したがって，それは「認知的－言語的」反応といえます。

　この「学校に関連あるものは汚染されている」という考えは，しつこく，繰り返し生じてくるものでした。考えが取り払おうと思っても取り払うことができない状態になっていました。このような状態になった場合，それは，心理的機能の障害の一種である思考障害とみなされることになります。精神症状としては，「強迫観念」と呼ばれるものに相当します。強迫観念が起きると彼女は，強い不安を感じました。それは，生理的に受付けられないような不快感や恐怖感を伴うものでした。「認知的－言語的」反応を契機として，「生理的－身体的」反応が生じてきていたのです。彼女は，その不快感や恐怖感を軽くするために手洗いを繰り返し行うようになりました。「生理的－身体的」反応を避けようとして「行為的－動作的」的反応が生じてきたわけです。しかも，それは，自分が納得できるまでしないと気がすまないといったものでした。これが，いわゆる「強迫行為」に相当するものです。

　このようにカナさんの場合，学校に関連する刺激状況に直面した場合に，「汚染されている」という「認知的－言語的」反応が強迫観念として生じ，それに伴って生じる不快感という「生理的－身体的」反応を振り払おうとして，「洗浄強迫」という「行為的－動作的」反応が強迫症状として生じるというメカニズムが形成されていました。手を洗うという強迫行為をした場合，一時的に不安感や不快感は減少するということがありましたが，それも一時でしかなく，強迫行為を止めると再び不安感や不快感が高まりました。そして，その高まった不安感や不快感に対処するために「学校関連

```
    ある刺激（先行刺激）
         ↓
    強迫観念が起こる
         ↓
      不安になる
         ↓
  強迫行為をする → 悪循環 ← 強迫行為を止めると
         ↓
    一時的に不安が下がる
         ↓ しかし，あくまでも一時的
  少し不安になるたびに強迫行為をしないと気がすまなくなる
```

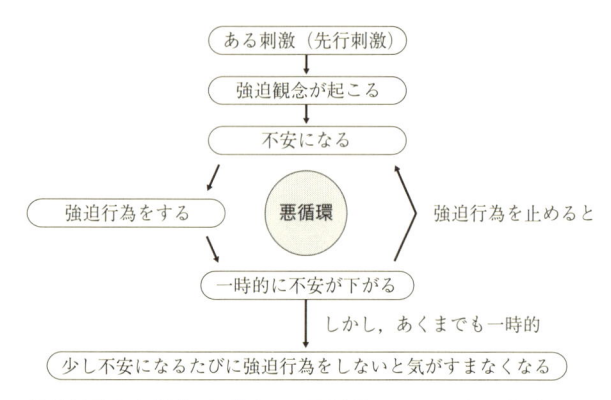

図 13-1　強迫性障害を維持，悪化させる悪循環のメカニズム（飯倉，2005 を改変）

のものに触ってはいけないルール」という，新たな考えをもつようになり，さらに広範囲に強迫行為の対象を広げていくことになりました。

このようにして，図 13-1 に示すような強迫観念と強迫行為を繰り返すことで強迫症状を維持，あるいは悪化させる悪循環が形成されることになったわけです。これが，ミクロの機能分析によって明確化したカナさんの事例における問題のメカニズムです。

マクロの機能分析のポイント：問題の発展過程を探る

ミクロの機能分析ができたならば，次はマクロの機能分析をしていくことになります。上述したようにカナさんの場合，刺激に対する反応である強迫観念と強迫行為によってさらなる不安が生じ，問題が継続し，悪化することが起きてきます。マクロの機能分析では，それらの問題が相互に関連し，問題をさらに悪化させる悪循環の連鎖が構成されている可能性を探っていくことになります。

マクロの機能分析では，まずは問題が生じてきた状況と関連して，クライエントの対人関係にどのように影響しているかを把握する必要があります。対人関係の問題がストレッサーになる可能性が最も高いからです。さらに，問題の発生によって，対人関係上の問題がさらに深刻化することが多くなります。これは，問題を悪化させる要因となります。したがって，対人関係状況と関連して家族関係を尋ねておくことが特に重要となります。

カナさんの事例の場合，もともと夫婦仲が悪く，その関係で母親からのプレッシャーがカナさんにかかっていたということがありました。また，

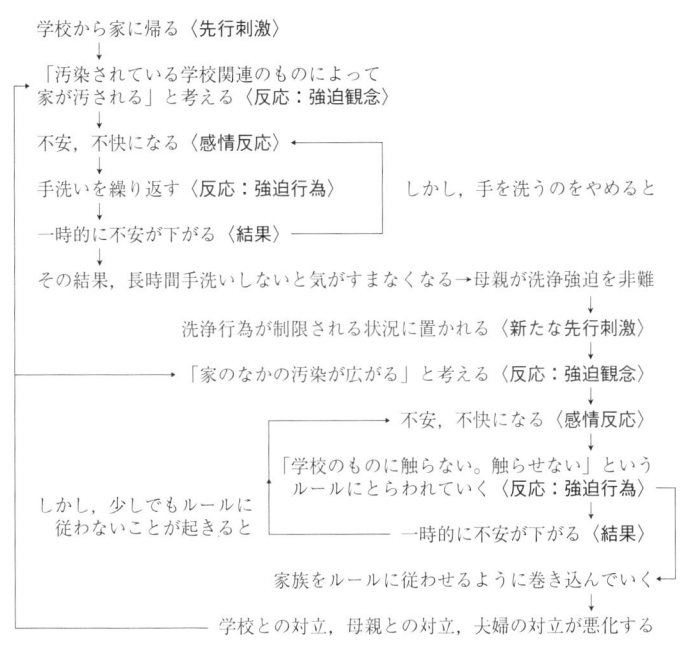

```
学校から家に帰る〈先行刺激〉
        ↓
「汚染されている学校関連のものによって
 家が汚される」と考える〈反応：強迫観念〉
        ↓
不安,不快になる〈感情反応〉←─────┐
        ↓                          │
手洗いを繰り返す〈反応：強迫行為〉   │  しかし,手を洗うのをやめると
        ↓                          │
一時的に不安が下がる〈結果〉────────┘
        ↓
その結果,長時間手洗いしないと気がすまなくなる→母親が洗浄強迫を非難
        ↓
     洗浄行為が制限される状況に置かれる〈新たな先行刺激〉
        ↓
┌─→「家のなかの汚染が広がる」と考える〈反応：強迫観念〉
│       ↓
│   ┌─→不安,不快になる〈感情反応〉
│   │  「学校のものに触らない。触らせない」という
│   │   ルールにとらわれていく〈反応：強迫行為〉
│ しかし,少しでもルールに
│ 従わないことが起きると
│   └──一時的に不安が下がる〈結果〉
│       ↓
│   家族をルールに従わせるように巻き込んでいく
└───学校との対立,母親との対立,夫婦の対立が悪化する
```

図 13-2 ミクロからマクロの機能分析へ

　学校で起きた盗難事件で疑われたことを契機として,学校との関係も不安定でした。そのような状況のなかでカナさんの強迫性障害が発現したわけです。そして,図 13-2 に示したようにカナさんは,強迫観念が起こるのが不快であったり,怖かったりするため,それらが起こりそうな場面を避けるようになりました。その結果,生活範囲がどんどん限定されていくとともに,学校に関連するものを回避するという"回避行動"が生じました。また,自分自身が少しでも強迫行為から逃れるために,周囲の他人の強迫行為を代行させることで,症状の悪循環に家族を巻き込んでいく事態が生じました。カナさんは,父親をはじめとする家族に強迫行為を代行させることである程度楽になるので,この"巻き込み"は続くことになりました。それによってカナさんと家族（特に母親と姉）,さらに学校の関係が悪化しただけでなく,夫婦関係も悪化し,父親が入院,さらには家計の悪化という事態が引き起こされることになりました。このような家族と学校との間の緊張状態を含む状況が刺激となって,彼女の不安を高め,ますます強迫症状を強めるということにもなっていきました。

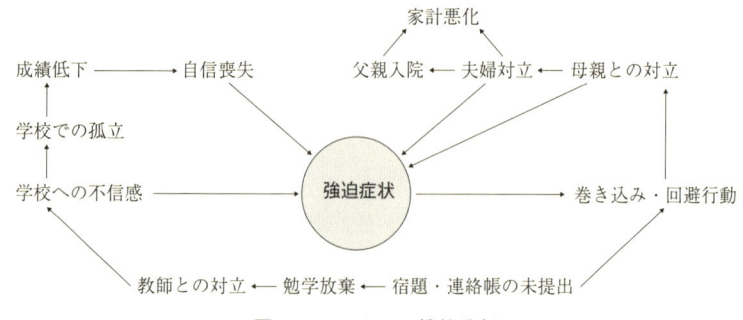

図13-3 マクロの機能分析

　このようにミクロなレベルでのカナさんの反応を超えて，彼女を取り巻く状況のなかのさまざまな要因も巻き込んでマクロなレベルで問題を維持，悪化させる悪循環が生じてしまっていました。それを図式化したものを図13-3に示します。すでに目ざとい読者は気づいているかと思いますが，このようなマクロなレベルの機能分析は，個人の刺激－反応－結果という3項図式を超えて，社会的システムにおいて問題が成立し，維持されているメカニズムを示すものとなります。したがって，この時点で機能分析は，家族システム論やコミュニティ心理学の枠組みを取り入れて問題の理解を深めることになります。

4　おわりに

　主訴は，事例の問題そのものではありません。また，精神症状や診断分類も，事例の問題そのものではありません。むしろ，そのような主訴（困っていること）や精神症状が形成され，さらに維持，悪化させているメカニズムにこそ問題の所在があります。ここで注意しなければいけないのは，その問題の原因は何かということではありません。原因は，遺伝も含めて過去のことであるので，わからないことが多いのです。しかも，その後の発展過程で新たな要因も加わってきている可能性もあります。したがって，現在の状態は，原因とは異なる要因で維持，発展されている可能性もあるのです。そのため，万が一原因を突き止めても，それで問題が解決するわけではないのです。

　原因は，問題の素因として関わっているということはできるでしょう。しかし，そのような確かめようもないものを探ることは，臨床活動としては意

味がないのです。むしろ，今の状態に問題が発展してきて，それを維持，悪化させている要因間の連関を探ることが重要となります。介入に当たっては，その要因間の連関システムにこそ問題の所在があるとして，そのシステムを変えていくことが大切となるのです。そのような要因間の連関システムを明確化していくのが，今回解説したミクロおよびマクロの機能分析です。機能分析によって明らかにされた要因間の連関システム，つまり問題を維持，発展させているメカニズムを問題のフォーミュレーションといいます。

問題のフォーミュレーションができたならば，次は介入に向けて方針を立てる段階においては，そのなかで最も手はじめに介入する問題を選択していく作業が必要となります。それは，変化しやすい問題であることもあれば，核心にある問題である場合もあります。あるいは，クライエントが最初に介入を望む問題であることもあります。いずれにしろ介入の標的にする特定の問題を選択し，次に介入の方針を策定していく作業が必要となるのです。その場合には，再びミクロの機能分析に戻り，その問題を刺激－反応－結果の枠組みで分析し，介入する具体的な要素を特定化していきます。

介入方針を決定していく段階も，クライエントとの協働作業となります。この段階では，問題のフォーミュレーションをクライエントに示し，その妥当性を確認し，介入の方針を決定していきます。介入の方針についても，クライエントに説明し，クライエントが合意する方針を選ぶことになります。最終的に介入方針が決まったところで，ケース・フォーミュレーションができたということになります。このような機能分析に基づくケース・フォーミュレーションの作業は，クライエントにとって問題を外在化することになり，それ自体がクライエントの認識の変化を促す効果があるといえます。このケース・フォーミュレーションについては，次回の講義で詳しく解説することにします。

❖ さらに深く理解するための文献

1）『強迫性障害の行動療法』金剛出版，
飯倉康郎（編著），2005

一般に難治とされる強迫性障害のメカニズムと介入法について，最新の臨床研究の成果をまとめた書物である。行動（機能）分析に基づき，強迫性障害が維持されている悪循環の回路を明らかにし，それに対して暴露反

応妨害法を用いて介入していく手続きが，図式を用いて丁寧に解説されている。本講義シリーズで解説してきた臨床心理アセスメントと，それに基づく介入法の実際を知るうえでも参考となる書物である。

第 5 章

介入の方針を定める

第14回講義

ケース・フォーミュレーション

1 はじめに

　面接，観察，検査によって収集されたデータは，それが正確で包括的なものであっても，ただ単に羅列されているだけでは，臨床心理活動において役立つ情報とはなりません。それらのデータが集約され，再構成されて介入の方針を立てるのに役立つものとなってはじめて，実践的に意味のある情報になります。問題が成立し，維持されているメカニズムを明確化するのが，前回の講義で解説した"問題のフォーミュレーション"です。さらに，その問題のメカニズム理解に基づいて介入の方針を定めていくのが，"ケース・フォーミュレーション"です。したがって，ケース・フォーミュレーションは，アセスメントによって得られたデータから実践的に意味ある情報を形作るための方法ということになります。

　ところで，このような臨床データを集約する方法としては，精神医学的診断があります。では，精神医学的診断とケース・フォーミュレーションでは，どのように異なっているのでしょうか。精神医学的診断は，例えばDSMのような診断分類システムの既製の手続きに従って順次進められます。それに対してケース・フォーミュレーションは，精神医学とは異なり，病気の診断ではなく，問題のメカニズムを前提とした介入方法の作成を目的とするものです。したがって，問題のフォーミュレーションに基づいて介入方針を定めるのが，ケース・フォーミュレーションです。介入過程は，既存の理論を適用するのではなく，問題のフォーミュレーションによって作成された臨床的見解に基づいて構成されることになります。

　このような特徴をもつケース・フォーミュレーションによって，個々の患者やクライエントの状況やニーズに応じた介入計画を立てることができるようになるのです。このようなケース・フォーミュレーションの手続きを最も明確な形で示しているのが認知行動療法です。そこで今回の講義では，認知行動療法の枠組みに基づくケース・フォーミュレーションの方法を解説します。

2 第1段階：クライエントが問題と介入目標を
どのように考えているのかを知る

　臨床心理士は，クライエントに，現在経験している問題について自分のことばで説明するように求めます。クライエントは，それに応じて自分自身として何を問題と考えているのかを語ります。ここでは，家族，友人，あるいは専門家の見方ではなく，クライエント自身の見方が問われることになります。

　臨床心理士は，クライエントが問題を特定化し，それを具体的に説明できるように援助します。例えば，クライエントが「生きていても意味がない」といったとします。それに対して臨床心理士は，「それは，あなたにとって具体的にどういうことなのですか」「あなたの人生は，どのように意味がないのでしょうか。具体的な例を挙げて説明してください」「生きていても意味がないと考えることは，将来の希望や目標にどのような影響を与えますか」といった質問をし，クライエントが語った「生きていても意味がない」という表現が，どのような事態を示しているのを具体的に明らかにしていきます。その具体的に特定化された問題が介入の標的（ターゲット）となります。

　このようにケース・フォーミュレーションでは，まず問題を具体的に特定化していくことが重要となります。特定化された問題に基づいて介入の目標を詳細に決めていくことが，その後に必要となるからです。問題の具体的状況がわかっていれば，明確な介入目標を立てることができます。目標が明確であればあるほど，クライエントがその目標を達成できる可能性が高まります。

　例えば，上記質問にクライエントが，「自分の望みは，（1）新しい仕事をみつけること，（2）友人を増やし，恋人をみつけること，（3）友人や家族の前で自己主張できるようになること」と応えたならば，それが介入の目標となります。また，クライエントにとっても，介入の目的を理解しやすくなります。

3 第2段階：機能分析を用いて標的となる問題の
メカニズムに関する仮説を生成する

機能分析

　機能分析は，前章の講義で詳しく解説したように，心理的問題を引き起

こす要因となっている変数を特定する方法です。機能分析を行うために，次の3点についての情報を収集する必要があります。

①問題を引き起こす刺激
②刺激に対するクライエントの反応，つまり刺激によって引き起こされる不適切な行動
③その反応から引き起こされる結果

　認知行動療法では，不適切な行動（つまり反応）は，それを引き起こす刺激とその後の結果から切り離すことはできないということが前提となっています。その点で，刺激－反応－結果（Stimulus-Response-Consequence：S-R-C）で示される随伴性は，問題行動を形成し，維持しているとみなすことができます。機能分析のためのデータは，面接情報だけでなく，標的行動を引き起こす刺激にクライエントが実際に直面している場面を観察して，データを収集することが必要となる場合もあります。特に，刺激－反応－結果を構成する要素がはっきりしなかったり，入り組んでいてわかりにくかったりする場合には，その場で実際に問題行動を引き起こして，その様子を観察するといった方法も有効となります。

発達分析

　機能分析をした後に，介入の標的となる問題行動がどのように発展してきたかに関する情報を収集します。この情報のなかには，これまで専門家への相談歴や治療歴があるのか，あるとすればそれはどのような内容であったのかといったことが含まれます。

　問題行動の発展経過を探るのに当たって注意したいのは，"問題の発生"と"問題の発展"を区別することです。"問題の発生"に関する情報は，問題が最初にどのような事情で始まったのか，問題の開始はどのような事情と関連しているのかということです。それに対して"問題の発展"に関する情報は，クライエント自身，あるいは配偶者や家族といった関係者が現在起きている問題の形成経過をどのようにみているのかということです。例えば，「失職してから，さらに具合が悪くなりました」というのは，問題の発展に関することです。それに対して"生物学的な脆弱性"や"不安定な乳幼児期"といったことは，問題の発生に関連する事情となります。

スキーマ分析

"スキーマ"（schema）とは，心的活動を行う際の抽象的な見取り図のようなものです。それは，情報を想起したり解釈したりするための構造として，また問題解決のために構築された枠組みとして機能しています。そして，その人の行為を導く役割を果たします。私たちは誰もが，多様なスキーマをもっています。スキーマがあるからこそ，私たちは，世界を認識し，新しい情報や経験を文脈に位置づけて理解できるのです。人は誰も，世界を秩序づけて理解するために，いわば厖大なファイリング・システムを活用し，さまざまな情報を取捨選択し，分類整理して生きているといえます。スキーマとは，まさに世界を整理して理解するためのファイリング・システムに相当するのです。

ファイリング・システムにたとえられるスキーマは，乳幼児期から形成され始めます。そして，一度形成されたならば，その人の情報処理や行動を導く役割を果たすようになります。具体的には，その人が自己・他者・世界についてどのように考え，感じ，振る舞うかを決定することになります。このようなスキーマは，階層構造をなしています。スキーマの体系の根底に不安を喚起するような信念（思い込み）をもつ人は，さまざまな状況において不安が喚起されやすいことになります。認知行動療法では，そのようなスキーマ体系の根底にある信念を認知モデルの中核に据え，それを中核的信念（core belief）と呼んでいます。中核的信念は，階層構造の根本にあるがゆえに，その人の人生の大部分に影響を与えることになります。中核的信念は，融通性がなく，その内容を頑固に変えないまま幅広く，しかも過剰に一般化されやすいのです。したがって，認知行動療法では，中核的信念を含むスキーマの変更を介入の根本原理とします。

このような観点からクライエントの認知の偏りや中核的信念を明らかにしていくのが，認知の概念化と呼ばれる作業です。これは，上記の機能分析との関連で述べるならば，3次元反応分析の中の認知的－言語的次元に特化した問題のフォーミュレーションとみることができます。このような認知の偏りや中核的信念の変化を促す介入が，認知の再体制化です。この認知の再体制化を行うことで，クライエントの不安定な感情や問題行動の変化をもたらすことが目指されます。

4 第3段階：問題をフォーミュレーションする

仮説の完成

　ケース・フォーミュレーションでは，機能分析で得られた情報が"問題のフォーミュレーション"として要約されて示されます。このフォーミュレーションにおいて臨床心理士は，問題が刺激－反応－結果という随伴性のなかでどのように維持されているのかについての仮説を立てます。多くの臨床心理士は，非合理な信念や誤った認知が不適切な行動の原因となっているとみなします。したがって，何が，そのような先入観や誤った認知を維持させているのかに関する仮説を立てることが，とても重要となります。

臨床実験による仮説の検討

　問題のフォーミュレーションができたならば，それを仮説として，その妥当性を検討します。その仮説検証は，臨床実験と呼ばれる方法によって行われます。臨床実験の結果によっては，機能分析の一部を修正するという必要も出てきます。問題行動のフォーミュレーションを検証する臨床実験の方法は，数多くあります。例えば，機能分析を検証するために，クライエントが1週間にわたって"問題行動を引き起こす刺激"，"問題となっている反応行動"，"行動の結果"の現れ方やその頻度を記録するという方法があります。あるいは，クライエントが，ある特定状況において思い浮かぶ考えを記録するという方法もあります。そうすることで，例えば，仮説としてクライエントの非合理な信念が不適切な行動の原因と想定していた場合には，その妥当性を実験的に検討できます。

　さらに，臨床心理士や関係者（例：クライエントの配偶者）がクライエントの行動を直接モニターする方法で，仮説の妥当性を検討する臨床実験をすることもできます。この方法は，クライエントの不安が非常に強く，クライエント自身が自らの反応や考えを正確に記録できないときに有効です。このようにして問題のフォーミュレーションの妥当性が確信されたならば，臨床心理士は，自信をもってそのフォーミュレーションに基づいて介入の方法を計画し，実施していくことが可能となります。

5 第4段階：問題のフォーミュレーションに基づいて介入する

介入目標を定める

　問題のフォーミュレーションに基づいて介入目標を明らかにします。例えば，フォーミュレーションにおいて，ある非合理な信念が不適切な行動を維持する要因となっているとの仮説を立てたとしましょう。そのような場合，臨床心理士は，介入目標として「クライエントが，その非合理な信念に代わる新たな考えをもてるようになること」とし，それをクライエントに説明します。

　クライエントが納得したならば，クライエント自身の理解に基づいて具体的な目標を設定してもらいます。そして，臨床心理士は，どのような介入方法を用いれば，その目標が達成されるのかを探ることになります。例えば，臨床心理士は，「新たな考えは，ロールプレイを繰り返すことで学習できる」として，その介入プログラムを提案します。それを選んだ理由も含めてクライエントに説明し，介入方法について話し合います。合意が得られたならば，そのクライエント自身が定めた具体的目標の達成を目指して介入を実施することになります。

プログラムに基づいて介入する

　介入は，問題のフォーミュレーションに基づいて作成した介入プログラムに沿って，一連の介入技法を用いて実施します。第12回講義で解説したように，機能分析を用いることで，「認知的－言語的」，「生理的－身体的」，「行為的－動作的」のモード，さらに刺激状況－反応－結果の観点から問題のメカニズムを明らかにすることができます。そこで介入に当たっては，問題に深く関わっている側面に対して，それぞれ適した技法を用いて介入することになります。表14-1に，それぞれのモードや状況に介入する際に有効な技法を整理して示しました。介入プログラムは，問題のフォーミュレーションによって明らかとなった問題のメカニズムを改善していくように有効な技法を組み合わせて構成することになります。具体的なプログラムの構成については，次回の講義で事例を用いて解説します。

表14-1　それぞれの領域における介入技法

- ●言語的-認知的モード：自己教示訓練法，思考妨害法，読書療法，認知再構成，イメージ技法，心理教育
- ●生理的-身体的モード（感情次元を含む）：薬物療法，バイオフィードバック，リラクセーション，自律訓練法，呼吸法，フォーカシング，催眠法，不安／怒りのマネジメント法
- ●行為的-動作的モード：セルフ・モニタリング，モデリング，ロールプレイ，行動リハーサル，トークンエコノミー，系統的脱感作法，エクスポージャー，反応妨害法，ソーシャル・スキルトレーニング，アサーショントレーニング
- ●刺激状況：刺激コントロール，危機介入，コンサルテーション，家族療法，親訓練

6　第5段階：介入効果を評価する

効果評価に関しては，妥当性と信頼性のある尺度を用いた一事例実験の研究デザインを実施するのが理想ではあります。しかし，実際のところ，臨床場面において，研究として厳密な評価をすることは不可能であるし，また倫理的に適切とはいえません。そこで，臨床心理士は，クライエントに悪影響を及ぼさないようなかたちで介入効果の評価を行うことが望ましいということになります。例えば，強迫性障害に苦しむクライエントへの介入であれば，強迫的反応の頻度と継続期間を記録するという手続きを活用するのでもよいでしょう。そして，その結果に基づき，クライエントとともに介入方法の友好性について話し合い，必要に応じて修正を加えることになります。

7　おわりに

今回の講義は，ケース・フォーミュレーションのアウトラインと，その特徴を解説しました。このケース・フォーミュレーションの過程を的確に行うとともに，その特徴を生かすためには，臨床心理士とクライエントの間で協働関係を築き，その関係を深めていくことが特に重要となります。このことを，最後に確認しておきたいと思います。なぜならば，ケース・フォーミュレーションにおいて臨床心理士とクライエントは，機能分析，問題のフォーミュレーション，そして介入プログラムを実施するうえでの協力者として位置づけられるからです。

ケース・フォーミュレーションの各段階は，クライエントと話し合い，

きちんと合意を得ながら1つずつ進んでいきます。そのために，臨床心理士は，クライエントの立場に立ってクライエントの世界を共感的に理解することが重視されます。ケース・フォーミュレーションは，何よりもクライエントと協働して発展させるものなのです。そのため，ケース・フォーミュレーションについての説明は，クライエントが理解できるようなかたちで行われなければならなりません。介入を開始するに当たっては，クライエントに介入プログラムの合理性をわかりやすく説明し，合意を得ることができなければならないのです。

このような臨床心理士とクライエントの協働関係は，クライエントが積極的に介入過程に参加することを可能にするための前提となります。このような関係のなかでクライエントは，問題を抱えている自分が充分に理解され，心理的に支えられていると感じます。それは，クライエントが問題解決に向けての動機づけをもち，介入への関与を深めていくことにつながるのです。

❖さらに深く理解するための文献

1）『認知行動療法ケースフォーミュレーション入門』金剛出版，
　下山晴彦（監訳），2006

本講義シリーズで解説している機能分析とケース・フォーミュレーションの理論と方法をさらに詳しく学びたい読者は，本書を読まれることを強くお勧めする。近年，日本でも認知行動療法が注目され始めているが，多くの場合，単なる既製のプログラムを事例に当てはめるだけになりがちである。それでは，効果的な介入は期待できない。本書は，個別の事例状況に適したケース・フォーミュレーションをするための考え方と手続きを，さまざまな事例研究を通してわかりやすく解説している。臨床心理アセスメントの技能を高めるためには必須の書物である。

第 15 回講義

ケース・フォーミュレーションの実際

1 はじめに

　前回の講義では，ケース・フォーミュレーションの手続きについて学びました。しかし，皆さんは，それが実際の臨床場面でどのように役立つのかについては，まだ具体的に理解できているとはいえないと思います。そこで，今回の講義では，ひとつの事例を通してケース・フォーミュレーションが実際にどのように活用されるのかをみていくことにします。

　今回取り上げるのは，第 6 回の講義で紹介したアキラ君に類似した"こだわり"を示す子どもの事例です。子どもの"こだわり"には，さまざまな要因が関係しており，その要因の関係の仕方によって異なるケース・フォーミュレーションと，それに基づく介入が必要となります。一見したところ同一のような"こだわり"を示したとしても，その"こだわり"を生起させるメカニズムが異なっている場合には，介入に当たっては，その"こだわり"のメカニズムを明確にし，それに適した介入方法を選択する必要があるのです。そのような"こだわり"のメカニズムを明らかにし，介入方針を立てるのに役立つのが，ケース・フォーミュレーション（特に機能分析）です。

　今回の講義では，ケース・フォーミュレーションの有効性がテーマとなっています。そこで，事例を通してケース・フォーミュレーションの実際を示した後に，それが臨床心理学のなかでどのような役割を担っているのかについてまとめることにします。

2 事例　ユタカ君

　小学校 4 年生のユタカ君は，小学校 3 年のときに転校してきた時点ですでに問題行動を示す生徒でした。偏食が多いユタカ君は，給食を残すことがしばしばありました。特に牛乳は絶対に飲まないという"こだわり"がありました。触れるのもいやがりました。

それを同級生に批判されたときには，繰り返し奇声をあげるということがありました。

　また，クラスでは特定の子どもの隣の席に座ることに"こだわり"もありました。しかし，学校側としては，それを"我がまま"とみなし，特別扱いはできないと認めませんでした。それに反応してユタカ君は，学校に行っても保健室に入って出てこなくなりました。保健室の若い女性の養護の先生が彼のお気に入りだったからです。

　ところが，同級生がそれを不満に思い，ユタカ君に対する虐めが生じました。元々同級生と交わることが少なかったユタカ君は，ますます孤立し，次第に不登校となり，家にひきこもるようになってしまいました。

　さて，読者の皆さんは，このユタカ君の"こだわり"をどのように理解したでしょうか。子どもの"こだわり"そのものは，特に問題行動とはいえません。しかし，上記事例のように対人関係などにおいて問題が2次的に生じた場合に問題行動となります。上記事例では，孤立や虐め，不登校などがその2次的問題に相当します。

　そのような2次的問題が生じることで，本人の不安が高まり，さらに"こだわり"への固執が強くなる悪循環が起きてきます。したがって，"こだわり"に介入する場合，"こだわり"そのものへの介入だけでなく，"こだわり"によって引き起こされた2次的問題への介入も必要となることはいうまでもありません。

　もちろん，2次的問題を解決すればすべて解決するというわけではありません。"こだわり"そのものが改善されていなければ，再び2次的問題が起きる危険性が残るからです。そこで，"こだわり"そのものへの介入をすることになります。その場合，その"こだわり"がどのようなメカニズムで起きているのかを考えることが重要となります。そのメカニズムの違いによって介入の方法が異なってくるからです。ここで重要となるのが，ケース・フォーミュレーションです。

3 介入方法を選択する

　一般的に子どもは，感覚的な好き嫌いに基づいて反応するものです。そ

のため子どもは，大人に比較して多くの，しかも多様な物や行動にこだわりを示すといってよいでしょう。したがって，こだわりをもつことは，子どもらしさのひとつといえるかもしれません。しかし，それが日常生活における行動や対人関係の障害になる場合には，こだわりは問題行動となり，介入の対象となります。

　問題行動のメカニズムを明らかにするために必要となるのが，ケース・フォーミュレーションの中核にある機能分析です。機能分析は，すでに第12回の講義で詳しく解説してあるように刺激－反応－結果の3項随伴性によって問題行動のメカニズムが形成されていると考えます。問題行動は，刺激によって引き出された反応とみなされるわけです。また，反応の結果として生じる事態は，問題を維持する要因となっていると考えます。そこで，問題行動に関連する要因のうち，どれが問題行動を誘引している先行要因（先行事象）であり，どれがその問題行動の結果として生じる要因（後続事象）に相当するのかを明らかにするために情報を集めることになります。その際，機能分析では，「認知的－言語的」，「生理的－身体的」，「行為的－動作的」の3モードからなる反応システム分析を行うことは，すでに解説してきた通りです。

　問題状況における反応には，いわゆる「行動」以外にも，言語的反応や認知的反応など，さまざまな要素の反応があります。しかも，それらの反応は，きわめて相互作用性の強いシステムを構成しています。そのため，刺激－反応－結果の3項随伴性はそれぞれが独立しているのではなく，むしろさまざまな刺激－反応－結果の関係が相互に関連し合う構造となっています。それが，問題を維持し，さらには悪化させるシステム，つまり悪循環の連鎖を構成することになります。ケース・フォーミュレーションでは，機能分析によって，その悪循環のメカニズムを明らかにし，そのメカニズムを変更していくのに適した介入法を選択し，クライエントと協力して介入していくことになります。

　上記ユタカ君の事例の場合，ケース・フォーミュレーションにおいてどのような介入を選択することになるのでしょうか。それは，機能分析の結果によって異なってきます。具体的には，機能分析の反応システム分析において，3種類のモードのどの要素が強いのかによって"こだわり"のタイプが異なり，介入の方法も異なってきます。以下に，その経過をみていくことにしましょう。

「生理的－身体的」モードが強い"こだわり"

　機能分析で「生理的－身体的」モードが強いことが明らかになった場合，そのようなタイプの"こだわり"をもつ子どもは，何らかの刺激に対して感覚的に，あるいは生理身体的に反応し，それをすぐに行動として示します。これは，いわゆる発達障害，そのなかでも特に広汎性発達障害の子どもにみられる"こだわり"に相当します。

　例えば，上記のユタカ君が，乳幼児期に人見知りがない代わりに母親への強い愛着もなく，一人遊びを好み，2歳頃には音にとても敏感で，特に大きな音には怯えて震えることがしばしばであるとともに，数字に拘り，目に留まる数字を何でも暗記し，幼稚園に行っても他の子どもと交わることは，ほとんどなかったといった場合には，広汎性発達障害が疑われることになります。

　このような場合，刺激に対して感覚的に，あるいは生理身体的に反応し，それがすぐに行動として示されており，"こだわり"は，器質的な要因によって影響を受けていると考えられます。そのために認知的側面への介入はあまり効果がありません。むしろ，こだわり行動そのものに介入していく行動療法が有効となります。

　したがって，ケース・フォーミュレーションでは，問題行動を引き起こす刺激を制限する刺激コントロール法や，"こだわり"行動に代わる適応行動を形成するためにモデリング，ロールプレイ，行動リハーサル法を組み入れたソーシャル・スキルトレーニング（SST）を採用する方針を立てることになります。また，トークンエコノミー法によって社会的な場面で"こだわり"行動を消去し，適応的な行動を形成していく介入も有効です。さらに，親訓練によって子どもが適切な行動を形成していくのを的確に強化する環境を作ることも重要となります。

「認知的－言語的」モードが強い"こだわり"

　上述の「生理的－身体的」モードが強いタイプの"こだわり"は，生得的な，つまり器質的な素因が関連していました。それに対して生育過程において，何らかの思い込みをもつようになった結果として，"こだわり"を示す子どももいます。そのような思い込みは，認知的な偏りといえるものであり，後天的に学習したものです。この種の"こだわり"は，機能分析では，「認知的－言語的」モードの強いタイプとなります。

例えば，上記ユタカ君は幼い頃より神経質で，家で苦い食物を食べたあとでたまたま腹痛になって以来，「苦味がある食物は自分の体質に合わない」という思い込みをもつようになったという場合を考えてみましょう。そのような思い込みのため，「苦いものは嫌いだ」といって食事の際に苦味のあるおかずを避けるようになったので，母親も苦味のある食事を作らないようになりました。それは，結局，彼の思い込みを強化することになり，ユタカ君は偏食という"こだわり"をもつことになりました。また，一番前の席に座ることへの拘りも，席が後ろになったときにたまたま成績が下がり，それで中学受験に熱心な母親に強く叱られたために，「一番前に座って授業を聞かなければお母さんに怒られる」という思い込みをもつようになったのでした。

このような場合には，思い込みが，認知の偏りとして"こだわり"の原因となっています。したがって，ケース・フォーミュレーションでは，このような認知の偏りに起因する"こだわり"の場合には，認知行動療法のなかでも認知に働きかける認知療法の技法が有効となります。

認知療法では，まず"こだわり"に関連する考え方（思い込み）を探し出し，それがどのように"こだわり"につながっているのかを明らかにします。つまり，その考え方（思い込み）が"こだわり"を引き起こし，維持させてしまっているメカニズムを明らかにし，それに代わる新しい，柔軟な考え方を子どもと一緒に探り，その新しい考え方に基づいて，"こだわり"とは異なる行動をしてみるのです。新しい考え方を学習する際には，認知再構成法を利用します。また，新しい行動を試し，習得していく際には自己教示訓練法が役立ちます。

「行為的−動作的」モードが強い"こだわり"

子どもが示す"こだわり"のなかでも，ある特定の行為や動作に強く固執し，それを何回も繰り返す場合があります。そのような強い"こだわり"であっても，上記の発達障害のように乳幼児期から特殊な"こだわり"が発現しているのではないということがあります。そのような場合は，器質的要因に密接に関連する身体的−生理的モードが前面に出る"こだわり"とは異なります。

では，それは，何らかの思い込みに由来する認知的−言語的モードの"こだわり"かというと，そうではありません。本人自身もそのような行為や動作に拘ってしまうことが不適切なものであるという認識をもっていま

す。自分自身でも止めたいと思っているのに止められないのです。むしろ，止めたいのにもかかわらず，「やらないと気がすまない」，「やらないと不安や不快感が生じてくる」という状態となっています。特定の行為や動作を，気が済むまで繰り返しやらざるを得ないのです。したがって，認知的－生理的モードが主要因となっている"こだわり"とは異なるわけです。

このような場合，どのようなメカニズムで"こだわり"が生じているのかを，ユタカ君を例に取って考えてみましょう。ユタカ君に対する機能分析によって，次のようなことがわかってきました。苦い食べ物を口に入れると，ばい菌に汚染されたという感じになり，どうしようもない不快感が高まっていました。そして，その不快感を払拭できるまで，うがいを20分も衝動的に続けざるを得なくなっていたのです。そのため，できる限り苦い食物を避ける偏食になっていました。また，ユタカ君は，学校全体が汚染されているという気持ちがあり，その汚染から自己を守るためのルールを作っていました。そのルールは，「学校では，必要なこと以外は誰とも話さない」「授業中は一番前に座る」というものでした。そのルールを守らないと，自分は汚染されるという気持ちになって，非常に強い不安感が出てきてしまいました。しかも，その不安感が出てきたときには，誰もいないところで1から10までを100回繰り返し数えるというおまじない（儀式）をしないといけないというルールもありました。それが，ユタカ君の"こだわり"となって現れたのです。

このような場合は，衝動的に特定に行為や動作をせざるを得ないということで，「行為的－動作的」モードが強い"こだわり"とみることができます。これに相当するのが強迫性障害やチックです。このような障害では，"こだわり"が生じるメカニズムにおいて，不安や不快感といった情動が深く関わっています。このような場合，ケース・フォーミュレーションでは，暴露反応妨害法（Exposure / Response Prevention）という行動療法の技法を用いることになります。

強迫性障害の場合，強迫症状が維持，悪化するポイントは，第13回の講義で解説したように，不安や不快感を一時的に低減するために強迫行為を繰り返し行ってしまうことです。そこで，症状の悪循環を止めるためには，強迫行為を行わずに我慢することが必要となります。そのための介入技法が，暴露反応妨害法です。暴露法は，条件づけられた不安反応は，それを引き起こす刺激に持続的に直面することにより減弱するという馴化（habituation）の原理に基づき，患者が苦手と感じてそれまで恐れたり避けていた

りする場面に，不安反応を軽減させるまで立ち向かわせる方法です。反応妨害法は，暴露の状態を保つために，それまで不安を一時的に引き下げるためにしてきた強迫行為をあえてしないようにさせることです。強迫性障害のケース・フォーミュレーションでは，この暴露反応妨害法が基本となり，それをやり遂げるために心理教育，系統的脱感作，セルフ・モニタリング，認知再構成などが適宜用いられます。

4 おわりに

今回の講義では，子どもの"こだわり"を例として，機能分析に基づき，問題行動を「認知的－言語的」，「生理的－身体的」，「行為的－動作的」の3種のモードでタイプ分けし，それによってそれぞれの問題形成のメカニズムと介入法を確定するケース・フォーミュレーションの実際を解説しました。問題を成り立たせているメカニズムを明確化することによって，それに適した介入法を選択することが可能となります。

かつては（日本の臨床心理学では，未だに），問題がどのようなものであれ，そのセラピストが信奉する心理療法を適用するという傾向がありました。また，アセスメントの役割も，その心理療法が当該の問題に適用できるか否かを判断することが多かったといえます。しかし，そのようなやり方をしていたのでは，当然のことながら，介入効果が上がりませんし，適用範囲も非常に狭いものとなってしまいます。

それに対して問題のメカニズムを明らかにし，そこに最も効果的な介入法を選択するケース・フォーミュレーションでは，効果的な介入が可能となるとともに，さまざまな種類の問題に適した対応が可能となります。しかも，介入に当たっては，クライエントに問題の成り立ちを説明するともに，なぜその介入法を選択するのかの理由を具体的に伝えることができるようになります。クライエント自身が問題の成り立ちと介入方法の選択理由に納得できるならば，クライエントの動機づけは高まるとともに，臨床心理士との協働も確かなものとなります。その点でもケース・フォーミュレーションは，介入効果によい影響を与えることになります。さらに，クライエントに介入方法選択の理由を説明することは，倫理的な観点からしても意義あることです。つまり，近年ますます重要となっているインフォームドコンセントの作業をするためにも，ケース・フォーミュレーションは重要な役割を担うことになります。

例えば、今回の講義で例示したユタカ君のような子どもの事例の場合に、クライエントにとっては、介入によって何らかの不安が引き起こされることが多くなります。特に暴露反応妨害法は、不安喚起場面に直面させるという点で苦痛を伴うものです。したがって、介入を開始するのに当たっては、的確な機能分析の結果に基づいて介入手続きをクライエントに丁寧に説明し、クライエント自身の動機づけを高めるとともに、介入に向けて得るための心理教育が特に重要となります。問題の当事者が子どもであれば、子どもだけでなく、親に問題のフォーミュレーションの内容と、それに基づく介入法選択の理由を説明し、子ども、親、そして臨床心理士の協働チームを形成することが必要となります。

❖さらに深く理解するための文献

1）『子どもと若者のための認知行動療法ガイドブック』金剛出版，下山晴彦（訳），2008
2）『子どもと若者のための認知行動療法ワークブック』金剛出版，下山晴彦（監訳），2006

　本講義で扱ったような子どもの問題行動のケース・フォーミュレーションについては、大人と異なっている部分がある。特に子どもの問題行動の多くは、家族や学校をはじめとする周囲の人間関係との関連で起きてくる場合がほとんどであるので、刺激状況として周囲との環境を組み入れたフォーミュレーションが必要となる。実際に周囲との関係のなかで問題が起きており、しかも子ども自身には問題意識が希薄であるので、変化に向けての動機づけを形成することが重要となる。また、介入に先立って親への心理教育を含めた丁寧な説明も必要となる。

　本書1）は、子どもの問題行動のケース・フォーミュレーションの方法を詳しく解説したものである。介入に当たっては、子どもの認知レベルに合わせた絵やゲームなどの道具を利用することも必要となる。

　本書2）は、介入に当たって活用できる道具と、その利用法を詳しく解説したワークブックである。

第16回講義

ケース・フォーミュレーションの役割

1 はじめに

　問題のフォーミュレーションは，正式には，「事例の当事者の心理的，対人的，行動的問題の原因，促進要因，およびそれを維持させている力に関する仮説であり，その人に関する複雑で矛盾した情報をまとめあげる助けになるもの」と定義されます。

　それに対して，ケース・フォーミュレーションは，問題のメカニズムを明確化するだけでなく，介入の方針を構成し，それを仮説として当事者，あるいは関係者に説明し，合意を得る作業も含まれます。その点でケース・フォーミュレーションこそが，臨床心理アセスメントの最終目標となります。

　このようなケース・フォーミュレーションは，第13回の講義で詳しく解説したように5段階から構成されています。今回の講義では，改めてケース・フォーミュレーションの手続きを復習したうえで，その意義と役割について確認することにします。

2 ケース・フォーミュレーションのアウトライン

　表16-1にケース・フォーミュレーションの一連の手続きをまとめたので確認してください。

　まず第1段階の初回面接で問題の当事者，あるいは関係者から問題の情報を得て，問題を特定化していきます。ここでは，介入の方針に関して合意が得るための基盤として，クライエントとの間で協働関係を形成していくこともテーマとなります。

　第2段階では，問題を生じさせている要因と，その問題を維持させている要因を探り，問題のメカニズムに関する仮説を生成します。ここでは，第1段階で特定した問題に関して，さらに詳細な事実を収集し，機能分析を利用して問題が維持されているメカニズムを明らかにしていく問題のフォーミュレーションを行うことがテーマとなります。

表16-1 ケース・フォーミュレーションの要点

第1段階：問題の明確化
1. 問題について関係者に語ってもらい，情報を得る。
2. 関係者の，最初の目的を明らかにする。
3. 最初に得られた情報に基づいて，問題を特定化する。
テーマ：介入に関しての合意を得られるように意識を高めるプロセス

第2段階：探　索
4. 原因と維持に関する仮説を生成する。
5. 認知行動療法的なアセスメントを多元的に行う。
6. 仮説を検証するために情報を集める。
テーマ：さらに詳細な観察をする段階

第3段階：定式化
7. 定式化と介入仮説を完成させる。
8. クライエントと話し合い，目的の再確認を行う。
9. 仮説の妥当性を検討し，修正する。
テーマ：仮説検証により，問題事態を適切に説明できるように仮説を洗練させる段階

第4段階：介　入
10. 採用する介入の方法と手続きを決定する。
11. 介入契約が結ばれる。
12. 合意に基づいたプログラムを実行し，その結果をモニターする。
テーマ：手続きが定められ，構造化された介入を実践する段階

第5段階：評　価
13. 介入の結果を評価する。
14. 好ましい変化があれ，どのような些細なことでも支持され促進される。必要に応じて介入プログラムを改善し，最適化を行う。
15. 介入結果の評価と事例定式化の修正を継続する。介入の成果を定着させるために介入方法を工夫し，発展させる。
テーマ：成果をモニターしそれを支持する段階

次の第3段階では，前段階までで生成された仮説の妥当性を検討し，問題のフォーミュレーションを完成させ，それに基づいて介入方針を立てます。そして，それをクライエントに説明し，介入方針を話し合います。ここでは，問題のメカニズムに関して，クライエントに適切に説明できるように仮説を洗練させていくことがテーマとなります。

さらに，第4段階では，介入の方法と手続きについてクライエントの同意を得た後に，介入を開始します。合意を得た介入手続きに基づいて適切に介入を実施し，その結果をモニターすることがテーマとなります。

最後に第5段階では，介入効果を測定，評価し，その結果に基づき，必

要に応じてケース・フォーミュレーションを修正します。最終的には，この介入効果の評価とケース・フォーミュレーションの修正を繰り返して，より効果的な介入を発展させていくことがテーマとなります。

このようにケース・フォーミュレーションは，事例に関連するデータを収集し，そこから問題のメカニズムを仮説として生成し，介入方針を定めていく作業となります。その際，さまざまな理論モデルを参照とすることになります。

本講義シリーズでは，一貫して生物－心理－社会モデルを参照枠として活用することを提唱してきました。この生物－心理－社会モデルに最も合致するのは，認知行動療法の理論モデルです。そのため，本講義シリーズでは，認知行動療法の理論モデルを参照枠とするケース・フォーミュレーションを取り上げることにしたわけです。

3 ケース・フォーミュレーションの意義

臨床心理活動には，さまざまな要素が含まれています。しかも，それらは，互いに矛盾することが多いのです。例えば，客観性が重要となるアセスメントと共感性が必要となる介入は，互いに矛盾する要素を含んでいます。さらに，問題を抱えて苦しむクライエント（主観性・生活性）と問題に専門家として冷静に関わる臨床心理士（客観性・専門性），具体性が重要となる個別事例（実践性）と普遍性が必要となる臨床理論（科学性）といったように，相互に矛盾する可能性のある要素によって，臨床心理活動は成り立っています。

このような要素を含んでいるがゆえに臨床心理活動は，わかりにくく，また統一見解が出にくいということにもなっています。しかし，逆にこのような矛盾する要素があるからこそ，そこにダイナミクスが生じ，活動の有効性も生まれることにもなるのです。上述したケース・フォーミュレーションには，このような多様な要素をつなぎ，臨床心理活動をよりダイナミックで，統一したものにする機能があります。以下，その特徴を整理して示します。

介入計画を立てる──アセスメントと介入の間をつなぐ

ケース・フォーミュレーションでは，問題となっている個別の事例に関する"臨床的見解"を形成することが目的となります。そこでは，アセスメントで得た情報を集約する要素（問題のフォーミュレーション）と，それに基づいて介入の方針を立てる要素（介入方針の策定）の両要素をつないで，具体的介入計画を立てる作業を行います。そこでは，問題行動は何

が原因となって起きてきたのか，問題行動を維持している要因は何かを適切に説明できる仮説を形成する問題のフォーミュレーションから，今後起こり得る行動について予測し，それに沿って問題の解決に向けての介入計画が立てる作業が行われます。このようにしてケース・フォーミュレーションは，アセスメントと介入をつなぐ役割を果たすことになります。

仮説を検証する──実践と研究の間をつなぐ

臨床的見解を形成するためには，関連情報を集め，それに適した仮説を立て，それを検証しなければなりません。心理療法を受けることは，クライエントにとって長期にわたる影響を含めた重要な決定や介入がなされることです。単に仮説を生成するだけでなく，臨床過程のなかでその仮説の妥当性を検討することが必要となります。これは，臨床実験と呼ばれる方法によって行われます。さらに，その仮説の妥当性は，介入効果によっても評価されます。これは，実験デザインを前提とする介入効果研究にもつながるものです。このようにケース・フォーミュレーションには，仮説の検証を媒介として実践と研究をつなぐ役割があります。

合意を形成する──クライエントと臨床心理士の間をつなぐ

ケース・フォーミュレーションの作業は，クライエントとの間で建設的な関係を築くために役立ちます。なぜなら，介入の前提として，クライエントと臨床心理士との間で介入の方針についての合意がなされることが必要となるからです。臨床心理士は，問題のフォーミュレーションを説明し，それに基づいて推奨される介入方針を伝えて，合意を目指して話し合います。ここで，問題の構造を確認し，介入の方針を検討する作業を臨床心理士とクライエントが協働で行うことになります。この作業自体が立場の異なるクライエントと臨床心理士をつなぐことになるのです。そして，このような協働作業を通して合意を得ることで，介入へのクライエントの能動的な参加が可能となります。このようにケース・フォーミュレーションの作業は，クライエントとの間で望ましい協働関係や信頼関係を築くとともに，クライエントに問題意識を持たせ，介入に向けての動機づけを高める機能があります。

事例のメカニズムを特定化する──事例（個別性）と理論（普遍性）の間をつなぐ

さらに，ケース・フォーミュレーションには，重要な前提があります。それは，問題行動には個人差があるという前提です。現場で出会う複雑な

事例への臨床心理学的介入においては，特に事例を個別に分析することが重要となります。

ところが，精神医療では，患者に一般的な診断名を与えることが主な活動となっています。そのようなラベリングは，複雑な事例になればなるほど，問題改善には役にも立ちません。一見すると精神医学的診断は，現在の問題が何なのかをはっきりさせることができるように思われます。しかし，同じ診断名が与えられたとしても，その中身をよくみると，事例ごとに問題の発現の原因やメカニズムは必ずしも一致しているわけではないのです。

したがって，個々の問題に沿った問題のフォーミュレーションが必要となります。例えば，社会恐怖症を例に取って考えてみましょう。社会恐怖症の発現の根底には，対人スキルの乏しさが関係している場合もあれば，否定的な評価を得ることへの恐れが関係している場合もあります。それぞれの事例で異なるメカニズムが関係しています。そのため，根底にあるメカニズムによって，介入目標の優先順位やその後の介入方略も変わってくるのです。

このようにケース・フォーミュレーションは，具体的な事例の状況に基づきつつ，その事例のメカニズムに関する臨床的見解を形成する方法です。そこで明らかになったメカニズムが適切なものであれば，その見解は，他の類似事例にも適用できる普遍性の高い臨床心理学的理論となる可能性が出てきます。したがって，個別の事例の臨床的見解を積み重ねることで，他事例にも共通に適用できる普遍性をもつ理論を形成できます。さらに，普遍的理論が見出されたならば，それを事例の具体的状況に適用して，的確に，しかも無駄なく個別事例のフォーミュレーションが可能となります。

ただし，この個別性と普遍性のバランスは，微妙です。一般化が過ぎれば，それは，ステレオタイプや単なるマニュアルになります。逆に個別化が過ぎれば，見通しのない場当たり的対応に終始する危険性が出てきます。ケース・フォーミュレーションは，個別性を尊重しつつ，普遍的理論を形成し，さらにその理論を個別事例に適用していく手続きをもつ方法です。その点でケース・フォーミュレーションは，事例と理論の間，個別性と普遍性の間をつなぐ役割も果たすといえます。

4　おわりに

ケース・フォーミュレーションでは，問題行動を支配し，維持しているメカニズムがあり，クライエントの問題行動は，そのメカニズムの目的に沿った機

能を果たしていると考えます。したがって，まずは機能分析によって，そのメカニズムを明確化する作業を行います。前回の講義で事例を通して示したように，「その子の"こだわり"がどのような場面や状況で生じているのか」，「その"こだわり"がどのような結果をもたらしたのか」という点についての情報を徹底して収集し，"こだわり"の背景にあるメカニズムを明らかにしていきます。

機能分析では，いわゆる問題行動のみを取り上げるのではなく，その行動を形成し，維持させているメカニズムを問題とみなします。そのメカニズムのあり方によって介入法を調整していくのがケース・フォーミュレーションです。したがって，介入に当たっては，その問題行動のみを対象として介入するのではなく，問題行動を含む，そのメカニズム全体を変えるための介入をすることになります。

このようなケース・フォーミュレーションは，単に個々の事例における介入方針を決めるのに役立つというだけでなく，臨床心理学の活動を発展させるうえで重要は役割を果たすことができます。臨床心理学の活動は，さまざまな要素が重なり合って構成されています。そのなかには互いに矛盾する要素も少なからず含まれており，それが臨床心理学の活動をわかり難くさせている要因です。ケース・フォーミュレーションは，それらの要素をつなぎ，臨床心理学全体の活動を統合的に発展させるための重要な装置になるのです。

❖さらに深く理解するための文献

1）『認知行動療法―理論から実践的活用まで』金剛出版，
　　下山晴彦（編），2007

　認知行動療法における理論と方法の発展史を説明したうえで，認知行動療法のアセスメントにおける機能分析とケース・フォーミュレーションの役割が，その具体的手続きとともに解説されている。さらに，さまざまな精神障害ごとに介入手続きが具体的に解説されている。いずれも日本における認知行動療法の実践家の第一人者が執筆しているので，日本における認知行動療法の実践を知るうえでも参考となる。

第 6 章

初回面接（1）

第17回講義

初回面接の基本構造

1 はじめに

　いよいよ本講義シリーズも，理論的学習を終えて面接実習の段階に入ることになります。そこで，第6章と第7章では臨床心理アセスメントとして実際に行われることが多い初回面接の進め方を詳しくみていくことにします。初回面接とは，文字通りクライエントと臨床心理士がはじめて出会い，話し合いを通して問題が何であるのかを明らかにし，今後の対応について方針を定めていく活動です。

　第14回の講義で解説したようにケース・フォーミュレーションは，問題を明確化する段階に始まり，問題が発展し，維持されているメカニズムを探索し，それを仮説としてフォーミュレーションする段階を経て，そのフォーミュレーションに基づく介入を実践し，その結果を評価する段階を含む作業です。

　そのなかで初回面接は，問題を明確化する作業を担うとともに，問題の発展と維持のメカニズムを仮説としてフォーミュレーションし，それをクライエントに伝える段階まで進むことが期待されます。したがって，初回面接は，ケース・フォーミュレーションの中心的な部分を担う，非常に重要なアセスメント活動となります。

　ただし，実際のところは，1回の初回面接で，問題のフォーミュレーションをクライエントに伝えるまでに至ることができるかどうかは，対象となる問題の複雑さや臨床心理士の力量によって左右されます。事例によっては，初回面接においてアセスメントが終わらずに，その後に複数回アセスメント面接を続ける場合があります。そのような場合，初回面接は，問題を明確化する作業に留まることになります。その後に追加して行うアセスメント面接において，問題が発展し，維持されているメカニズムを探索し，それを仮説としてフォーミュレーションする段階の作業を行うことになります。

　したがって，初回面接では，できるならば問題のフォーミュレーション

まで進むことが望ましいのですが，それができなければ，問題の明確化の段階までは進むことが求められるということになります。

2 初回面接の要点

　まずは，臨床心理アセスメントとしての初回面接の要点を確認することから始めましょう。クライエントは，何らかの問題に直面し，その問題を解決できずに苦慮して来談します。クライエントは，問題を抱える当事者であることもあれば，その問題に関連する親，教師，上司などの関係者であることもあります。いずれにしろ，クライエントが苦慮している，その問題が主訴ということになります。しかし，その主訴が，クライエントが直面している真の問題そのものであることは，意外と少ないのです。むしろ，クライエントの主訴は，真の問題に至る入り口であったり，あるいは真の問題の結果として起きていることであったりします。

　そこで，クライエントの主訴を尊重して聴きながらも，問題の核心を探っていくことが重要となります。また，クライエントが直面している問題は，実は単一の問題から構成されていることは少ないのです。実際にはさまざまな事柄や出来事が重なり合って成立していることがほとんどです。つまり，事例の問題は，さまざまな問題が重なり合って構成されているのです。しかも，客観的な真実として存在しているのではなく，それに関わる人の立場によって問題の意味は異なってきます。したがって，その問題に関わる人の視点によって異なる現実が存在するということにもなります。

　このように多様な側面や次元から構成されるクライエントの問題を明確化していくためには，特別な手続きと技能が必要となります。事例を構成するさまざまな問題に関しては，クライエント自身でも気づいていない事柄も多くあります。また，クライエントにとっては，思い出したり，直面したりしたくない事柄も多く含まれています。そのため，さまざまな問題に関する情報を収集するアセスメントの作業は，クライエントにとっても難しい作業となります。できるならば避けたい作業である場合も少なくありません。

　そのような作業を進めるために何をおいても必要なのは，クライエントとの協働関係の形成です。クライエントが，「この臨床心理士ならば，協力してみよう。そして，できたら直面したくない情報も含めてさまざまな情報を出して，問題の所在を探っていこう」という気持ちになることが必要なのです。そのような協働関係を形成するためにも，まずはクライエント

が語りやすい問題から聴き取っていくことが必要なのです。その点でクライエントが来談するきっかけとなり，明確に意識できている"主訴"と"来談の経緯"を最初に聴くことが重要となるわけです。

　主訴と来談経緯に引き続いて，クライエントの問題の成立と維持に強い影響を与えている事柄についての情報を収集していきます。それは，本講義シリーズで解説してきた問題のフォーミュレーションを遂行するために必要となる情報です。それが，基本情報となります。そのような基本情報のなかでも特に留意する必要があるのが，心理機能の障害に関する情報です。心理機能の障害は，脳機能をはじめとして何らかの生物学的要因が関連している場合が多いといえます。そのためその偏りは修正が難しく，問題が固定化しやすくなっています。したがって，心理機能の障害が生じている場合には，問題の形成と維持に強い影響力を与えることになります。そこで，臨床心理士は，この心理機能の障害の存在と，その内容を判断するために，情報を的確に収集する知識と技能が必要となります。

　収集した基本情報に基づいて問題のフォーミュレーションを行い，問題を成立させ，維持しているメカニズムを明確化し，それを仮説としてクライエントに伝えます。同意が得られたならば，次に介入方針を話し合います。そこまでできて，ケース・フォーミュレーションが終了できたということになります。したがって，アセスメント面接においてケース・フォーミュレーションを的確に遂行するために初回面接で行っておかなければならないのは，次の3点となります。

　　　①作業を進める土台となる協働関係の形成
　　　②問題を明確化するための基本情報の収集
　　　③問題の明確化と，その後に向けての方針の決定

3　協働関係の形成

　臨床心理活動の中心をなすアセスメントと介入は，臨床心理士とクライエントとの間の協働作業として行われます。介入はいうまでもありませんが，アセスメントにおいても適切な情報を得るためには，クライエントとの協力がどうしても必要となります。そこで，初回面接においてまずしなければならないのが，クライエントとの間に信頼関係を結び，その後の協働作業の土台を築くことです。クライエントとの間で協働関係を形成でき

るかどうかが，その後の臨床心理活動の成否を左右するといっても過言ではありません。

　クライエントは，自発的に来談を決意した場合でも，初回面接に関しての戸惑いや不安を抱いています。嫌々ながらも連れてこられた場合には，なおさらです。初回面接では，自らが苦しんできたこと，場合によっては秘密にしてきたことを初対面の人間に語ることが求められます。したがって，クライエントが気持ちを楽にできるように，電話の音や話し声が筒抜けになったり，他人が入ってきたりしないようにプライバシーを重んじた快適な空間を，物理的にも作っておく配慮が求められるのはいうまでもありません。

　実際に安全な面接室で面接が始まったとして，クライエントにとっては，面接場面は新奇なものであり，不安や戸惑いを抱きやすくなっています。したがって，クライエントとの関係は，最初の出会いから暖かく建設的なものにする必要があります。臨床心理士は，冷静に判断して巻き込まれずにいる一方で，クライエントの語りを傾聴し，最も基本的なレベルでクライエントの安心感に気を配っていることを明確な態度で伝えるべきです。

　まず，これから始まる面接はどのような性質のもので，どの程度の時間がかかるのかを伝えることによって，クライエントに安心感を与えるよう受容的で公平な雰囲気を作ることが重要になります。自己紹介し，クライエントの名前を正しく読めるように気を付けるといった配慮が不可欠です。クライエントの緊張を和らげることが，最初になされるべきことです。

　特に児童期から思春期，青年期のクライエントでは，親など周囲の大人にいわれて嫌々やってくる場合が比較的多くなります。彼らは，訳のわからない場所で一体何をされるのだろうという警戒心を抱いています。したがって，こちらが手の内をみせなければ，クライエントが心を開くなどできる話ではありません。それゆえ，主訴を含めて初回までに得ている情報を明確化したうえで，自分はどのような立場にあり，クライエントに対してどのように関わろうとしているのかを伝えます。

　自発的でない事例であっても，結局のところ来談している点に，クライエント自身の問題意識が垣間みえると考えるべきです。臨床心理士の側がもっている情報については，むしろ曖昧に触れるほうが，クライエントの「この人は一体何をどこまで知っているのだろう」という疑念と警戒を膨らませることになります。そこで，臨床心理士は，クライエントとの間で，事実を踏まえたうえでクライエントを支持するという関係のモデルを示すことが何よりも重要となります。

4 基本情報の収集

　最終的に問題のフォーミュレーションを行うためには，さまざまな情報を集めなければなりません。ただし，問題を発展させ，維持しているメカニズムをフォーミュレーションするための情報収集をする以前に，"そもそも問題とは何か"を明確化するための情報を収集しておく必要があります。

　クライエントは，問題の当事者であることもあれば，関係者であることもあります。いずれの場合も，何らかの"困ったこと"があって来談しています。しかし，困ったとは感じていても，具体的に「何がどのように困っているのか」を明確に言語化できないことがほとんどです。あるいは，明確に言語化できたとしても，それは，一部の偏った側面のみが取り出されていて，問題の全貌が示されていないことも多いといえます。そこで，まず「問題とは何か」を明確にするための基本的な情報の収集が必要となるわけです。

　ここで注意しなければならないのは，問題の明確化のためには，最低限確認しておかなければならない基本情報があるということです。なぜならば，この時点での問題の明確化は，その後にどの方向に作業を進めるのかを大まかに判断するための基準にもなるからです。問題の内容が緊急性の高いものであれば，ケース・フォーミュレーションの作業を進めるよりも，危機介入的な対応を優先すべき場合もあります。また，問題の困難さや複雑さなどを考慮して，他の治療機関や相談機関の助力（リファーも含めて）を要請すべきか否かを判断する必要もあります。

　そのような判断を経て，臨床心理士による介入が可能であることが明らかになった場合には，次に問題のフォーミュレーションの作業に進むことになります。問題のフォーミュレーションの作業では，その事例固有の状況に関する情報を詳しく収集することになります。しかし，それ以前の，問題の明確化の段階では，問題の緊急性を判断するために一般的に必要となる基本情報を，まず収集しなければなりません。そのような基本情報としては，例えば，主訴，来談の経緯，現病歴，生育史，現在までの生活環境，過去の病歴，身体疾患，遺伝負因，物質濫用，性格特性，自殺企図，精神状態の検査などがあります

　このような基本情報の収集の手順としては，一般にクライエントの"主訴"と"来談の経緯"から入って現在の心配事を中心に情報を集めていき，次にクライエントを取りまく環境や過去の出来事の検討に移していきます。つまり，

クライエントが困難と感じていることがどういったものであり，なぜ今助力を求めてきたのかを最初に訊いていきます。その際，クライエントが述べた事柄だけでなく，クライエントの声の調子や態度なども観察し，情報とします。

このようなクライエントの主観的な情報に基づき，とりあえず問題の所在を明らかにし，次にその問題の背景を探っていきます。精神症状や対人関係など，実際にどのような出来事が起きているのかについての情報を具体的に収集していきます。また，現在どのような生活環境にあるのかというだけでなく，これまでの生活史（問題歴を含む）がどのようなものであり，問題の引き金となった出来事はどのようなことであり，これまでにその問題にどのように対処してきたのかといった情報を取っていきます。これまでの対処行動に関する情報をとることによって，クライエントの能力や健康度を測ることができます。さらには，今後の介入が問題への対処法を考えていくものであることをクライエントに示唆することができます。その点で，これまでの対処法を確認することは，必要な作業となるのです。

5 問題の明確化と介入方針の決定

上述したように初回面接では，協働関係の形成と基本情報の収集の作業が重要な課題となります。ところで，この両者は，一見したところ，互いに異質な作業と感じられるかもしれません。なぜならば，協働関係の形成のためには，共感的対応が重視されるからです。そこでは，クライエントの主観を尊重し，クライエントの語ることを傾聴する態度が求められます。それに対して情報の収集では，客観的データが重視されるとともに，基本情報を収集するために積極的に質問していくことが必要となります。主観性と客観性，（受動的）共感と（能動的）質問は，確かに一見すると矛盾するともいえるでしょう。

しかし，これは，決して相反するものではありません。なぜならば，本来クライエントに共感するためには，クライエントが置かれている問題状況をしっかりと把握していなければいけないからです。ただ単に感情的に共感（同情）するだけならば，クライエントの話を受動的に聴き，感情レベルに反応すればよいでしょう。しかし，それは，決して正確な共感とはいえません。正確な共感とは，的確な情報に基づいて，クライエントの苦しみの状況を具体的に理解できてはじめて可能になるのです。したがって，正確な共感には，情報が必要となります。逆に的確な情報を得るためには，クライエントとの協働関係が必要となるのです。クライエントにとって，

本当に苦しいことは,相手を信頼しなければ語ることができないからです。したがって,協働関係の形成と基本情報の収集は,相反するものではなく,むしろ相補うものなのです。

このように臨床心理士とクライエントが協働して問題解決に向けての情報を収集し,分析していくものであることをクライエントに理解してもらうことが初回面接の重要な目的のひとつです。それがあってこそ,その後の介入に向けての態勢を整えることが可能になります。

もちろん,協働関係の形成と基本情報の収集を同時に行うわけではありません。当初は,協働関係の形成が中心となります。クライエントの心を占めている問題や感情を知ることを重視して,「どのような問題で来談されたのでしょうか」といった簡潔な自由回答式質問(open-ended question)を用います。これによってクライエントは,臨床心理士の側が求めることを理解できるとともに,自分にとって最も重要な問題を自分なりの表現で話すことが可能となり,くつろいだ雰囲気が生まれ,信頼関係が醸成しやすくなります。

クライエントの問題がある程度みえてきた時点で,関連情報を効率的に得ることが目的となります。そこで,収集したい情報を明確に表す制限的質問(closed-ended question)を活用していきます。臨床心理士は,クライエントの話が細部に拘泥したり,繰り返しがちだったり,曖昧だったりした場合には,一方で共感を示しつつ,他方で問題を抱えたクライエントの姿を適切に描き出すための質問をしていきます。

このように協働関係の形成と基本情報の収集を循環的に繰り返し,問題を明確化していきます。ここで重要となるのは,単なる想像や同情に基づく共感ではなく,事実に基づく正確な共感をしていくことです。これは,次の課題である問題のフォーミュレーションの作業で必須となるエビデンスベイトな態度を養うことになります。そして,問題のフォーミュレーションができたなら,次は介入方針を決めていきます。ただ,1回の初回面接で介入方針を立てるケース・フォーミュレーションに至ることは,実際はかなり難しいといえるでしょう。多くの場合,複数回の面接を経て介入の方針を立て,それをクライエントに説明し,同意を得て実際の介入段階に入ることになります。もちろん,ケース・フォーミュレーションの結果,他機関にリファー(紹介)するという判断がなされることもあります。

なお,問題の当事者ではなく,関係者が来ている場合,当事者と関係者が来ている場合,あるいは複数の関係者が来ている場合には,情報提供者によって異なる見方が提示されることが多くなります。その場合,事実に

基づく判断が難しいと感じられるものです。しかし，ここで注意しなければいけないのは，"現実は，ひとつではない"ということです。現実は，複数のコンテクストから構成されています。さまざまな視点からみられた現実があります。それは，いずれも，その人にとっては事実なのです。したがって，常に情報提供者の見方を尊重し，共感的に情報を収集していくことが重要となります。そして，誰が正しいのかを判断するのではなく，そのようなさまざまな見方が重なり合って問題が形成されているという観点から問題の所在を明確化していきます。この点に関しては，第5回講義で解説した問題を判断する多元的基準を参照することが役立ちます。さまざまな事実についての情報を収集し，それを重ね合わせて問題の現実を立体的にみていくことが必要となるのです。

6 おわりに

　このようにして，収集された基本情報に基づいて問題を明確化していきます。そして，上述したように緊急度が高く，特別な介入を必要とする場合や他の機関への紹介が必要と判断された場合には，その主旨をクライエントに伝え，了解を得てそのための作業に移ることになります。臨床心理学的介入が可能と判断された場合には，さらに情報収集を進め，問題のフォーミュレーションのための作業を発展させていくことになります。いうまでもないことですが，協働作業であるので，何らかの判断をする場合には，必ずクライエントに説明をして同意を得ることが必要となります。

❖さらに深く理解するための文献

1）『臨床面接のすすめ方』日本評論社，
　　深澤道子（監訳），2001

　臨床面接と題されているが，初回面接ですべきことがわかりやすくまとめられている。今回の講義でテーマとした「協働関係の形成」と「基本情報の収集」に加えて「インテーク面接のまとめ方」や「面接の終わらせ方」，さらには「紹介（リファー）の仕方」まで，初回面接を構成する項目のほとんどすべてがカバーされている。しかも，具体的なポイントが示されているので，たいへん参考になる。

第18回講義

基本情報の傾聴と協働関係の形成

1 はじめに

　初回面接の最初の段階で形成される協働関係は，さまざまな点でその後の面接の展開を左右することになります。初期段階に形成される信頼関係の程度によってその後にクライエントが提示する情報の質が変わってきます。それは，結果として初回面接の目的である問題の明確化，さらには問題のフォーミュレーションの内容にも影響を与えます。問題のフォーミュレーションは，介入の方針にも直接影響を与えることになります。

　また，初回面接でどのような協働関係が形成されるかによって，介入の成否も決まってくるといって過言ではないでしょう。臨床心理士とクライエントの間に信頼関係がなければ，クライエントは，苦しい現実に直面しながら，問題解決という困難な課題を乗り越えていくことが難しくなるからです。

　したがって，協働関係の形成は，アセスメントだけでなく，その後の介入の成否を決める最重要な課題です。そこで，今回は，その協働関係を形成するための面接技法を解説することにします。この協働関係は，実際には面接の初期に尋ねる基本情報についてのコミュニケーションを通して形成されるものです。そこで，今回は，その基本情報に関する面接技法についても解説することにします。

2 協働関係を形成するための技法

　初回面接を始めるに当たってまず目指すことは，クライエントに安心して話を続けてもらうことです。そのために，クライエントが「安心できる。自分の話を聴いてもらいたい」と思うような工夫が必要となります。以下，そのような工夫のための基本的技能を整理して示します。ここで述べることは基本的なことです。しかし，このレベルのことができていないために，臨床心理活動が適切に実行できていない場合が多いので，あえて確認の意味を込めて提示することにしました。

①非言語的コミュニケーション

適宜クライエントと視線を合わせて，微笑みや頷きを通して暗に「あなたのペースで話を続けていいのですよ」と伝えます。少し身を乗り出して耳を傾けるのも効果的です。また，クライエントの語りを邪魔しないように間を取りながら，「ええ」「そうなんですか」といった相槌を適宜入れます。このように非言語的な対応で，クライエントの話に関心を示していきます。

②言語的コミュニケーション

理解したことを，言語的コミュニケーションを通して明確にクライエントに伝えていきます。そのために，クライエントの発言を聴いて理解した内容を，その都度要点を押さえ，明確化してクライエントに伝え返していきます。クライエントがすでに用いた言葉を用いて「あなたは〜と思うのですね」と短くまとめて，反射するように返したりしてもよいでしょう。また，クライエントの語ったこと，あるいは語ろうとしたことを要約したり，明確化したりして伝えることも大切です。それに加えて，「〜については理解できたのですが，〜についてもう少し詳しくお話しください」と直接的に情報を求めたりすることもしていきます。

③自らの感情を意識する

臨床心理士がクライエントをどのように感じるかが，関係に影響を与えます。肯定的な感情であれば暖かい態度に表れ，クライエントが繊細な情報を表現するのを促すでしょう。当然，臨床心理士が不快そうにみえたら，クライエントはその否定的な感情を感じ取ってしまいます。したがって，臨床心理士は，自らの感情に気を配らなければなりません。否定的な感情が出てきた場合には，なぜそのような感情が出てきたのかを探る必要があります。特にクライエントの話の内容を肯定できない場合には，その背景を探り，そのような状況に至った理由を確認していくことが，正確な共感的理解につながるでしょう。

④クライエントの言葉で話す

クライエントが理解できる言葉で話すことが重要です。また，病気や失敗，不健康な性格などを表す言葉には，クライエント独自の意味が含まれ

ていることが多いといえます。そのような場合には，クライエントの言葉遣いをそのまま使用するなどの工夫が必要となります。

3 主訴を聴く

　最初は，クライエントに自由に語ってもらう自由回答式の質問をします。具体的には，「どのようなことで困って来談したのですか。今，一番問題であると思っていることをお話しください」といった質問をすることによって，クライエントに主訴を語ってもらいます。これらの内容については，問題の核心に関連したものであると同時に，クライエントにとっては話しやすい話題であるからです。それを上記の面接技法で丁寧に聴いていくことが，協働関係を形成する出発点となります。

　主訴とは，なぜ今援助を求めてきたかについてクライエントが述べた理由です。「どのような問題でいらしたのかお聞かせください」という最初の問いかけへの返答として得られます。主訴は，次の２つの理由で重要です。第１に，主訴は，クライエントの頭を占めている問題であることが多く，臨床心理士がどこから手を付ければよいかがわかります。第２に，問題が生じているのにもかかわらず，それをクライエントが否定する場合，重篤な病理や抵抗が疑われることがあるからです。

　主訴を尋ねても，クライエントが「面接の意味を理解していない」，「反応が曖昧である」，「最初から喧嘩腰である」という場合は，臨床心理士の対応技法が最初から厳しく問われることになります。例えば，「どのようなことで来談されたのですか」と尋ねたところ，クライエントが「紹介状を読めばわかりますでしょ」と応えたとしましょう。そのような場合，「そうですね。ただ，ご自身の言葉で話していただければ，あなたのことをもっとよく知ることができると思うのですが」と，相手の言葉を受け入れたうえで別の提案をするというかたちにもっていきます。

　また，主訴として最初に語られた内容が必ずしも真の来談理由ではない場合もあるので，注意が必要です。真の理由を自覚していない場合や，話すのを恥じたり恐れたりする場合，表向きの主訴は援助の"入場券"にすぎず，より深刻な理由が隠されていることがあります。したがって，最初に語られた主訴を鵜呑みにして，それを問題であると決めつけてしまわないようにします。次回の講義で解説する初回面接の後半段階の情報収集で，主訴に関する客観的情報や関連情報を探っていき，問題の所在を明らかに

していくことになります。したがって，あくまでも"主訴"は，問題を明確化するための出発点として位置づけることが重要です。

4　来談の経緯を聴く

　主訴に次いで来談の経緯を自由に語ってもらいます。ここでも「どのような経緯で今回の来談となったのですか」といった自由回答式の質問によって，来談に至った経緯を語ってもらいます。来談経緯についても幅広く情報を得るために，当初は細部を尋ねたり邪魔したりせず非指示的な態度を保つのが望ましいといえます。

　このような聴き方をすることには，次のような利点があります。まず，クライエントの話に十分な関心をもって耳を傾ける存在として臨床心理士が位置づけられるということです。次に，クライエントが来談理由を整理し考えることができ，主訴では言及されなかった問題が出やすいということがあります。現在の状況をクライエントがどのように理解しているのかに関する情報を得ることもできます。また，クライエントの気分や行動，思考過程を観察することも容易になります。さらに，自発的な語りなのでクライエントの性格特性も現れやすいということもあります。

　問題の当事者が，関係者（例えば家族，上司，同僚，教師など）に連れてこられたり，あるいは来談するように命令されて来たりした場合には，この来談の経緯を聴く段階で，本人の口から動機づけの低さが語られることになります。そのような場合には，動機づけ面接を行うことになります。まずは来談させられたことへの不満や不平をじっくり聴きます。そのような語りを聴くことで，クライエントが変化に向けて前考慮段階にあるのか，考慮段階にあるのか，あるいは準備段階にあるのかみえてきます。

　多くの場合，クライエントは考慮段階の初期にいます。問題を解決していくためには自分や状況を変えていかなければならないとわかっている反面，変わることへの抵抗を感じているというアンビバレントな気持ちをもっています。そのようなアンビバレントな気持ちを丁寧に聴いていくことが協働関係を形成するうえで非常に重要な作業となります。特にクライエントが子どもであれば，これまでの我慢や努力を認めることが重要となります。それによってクライエントの自己効力感が高まり，変化に向けて努力していく勇気や意欲が出てきます。いずれにしろ，この段階で臨床心理士は，本人の健康的な思考行動を強化することで，問題に向かっていく気

持ちを確認していく作業を行います。

5 動機づけを高める

クライエントの動機づけを高めるためには，外から問題に取り組もうとする意欲をもてるように押しつけるのではなく，クライエント自身の内側からそのような気持ちが生まれてくるようにすることが大切です。そのためには，無理な励ましや説得によって動機を引き出そうとしても意味がありません。直接的な説得は，むしろ抵抗を強めるだけです。動機づけがない場合，クライエントは，問題に直面することや自分自身が変化することにアンビバレントな感情を抱いているものです。そこで，クライエントが自己自身のアンビバレントな表現できるようになるためには，クライエントの気持ちを聴くスキルが必要となります。

しかも，クライエントがアンビバレントな気持ちを表出するには時間がかかります。したがって，初回面接において動機づけが曖昧なクライエントの場合，急いで問題理解のための情報収集に進まないことが肝心となります。そのような場合には，初回面接では，アセスメントの作業に入れなくても急がずに，時間を充分にかけてクライエントの気持ちを丁寧に聴く作業に徹することが必要となります。そのような作業を丁寧にすることで，協働関係が形成されます。

さらに，単に動機づけがないだけでなく，問題に取り組むことへの，積極的な抵抗があるという場合もあります。そのような場合，抵抗に対抗して，それを突破しようとしても何の解決にもなりません。むしろ，反発を抱かれるだけです。むしろ，抵抗があるならば，その抵抗の理由や原因を丁寧に聞いていくことが重要となります。そこに，真の問題があるという場合も少なくありません。特に子どもや少年の場合，本人が問題の原因ではなく，例えば家族の問題のスケープゴートになっているということもしばしばあります。そのような場合には，問題を引き受けることに抵抗があるのは当然ともいえます。したがって，クライエントの抵抗する気持ちに共感し，その抵抗の背景にある要因を確かめることで，むしろ真の問題を理解する糸口を得ることが可能となります。臨床心理士がクライエントとともに真の問題を理解できたなら，クライエントは，その問題に立ち向かう動機づけや意欲をもつようになります。

このようにクライエントの動機づけを高めるためにも，そして真の問題

を把握するためにも共感が重要となります。クライエントが自分自身，周囲の世界，自分の将来をどのように感じているのかに注目し，それを共感的に理解するようにします。人は，自分が理解され，尊重されていると感じるとき，はじめて自分の懸念や心配について心を開いて話してもよいと思うものです。クライエントが不確かな気持ちやアンビバレントな感情を口に出しても大丈夫だと感じれば，その時臨床心理士は，問題に取り組むための，クライエントのパートナーとなることができるのです。クライエントの，問題に立ち向かう動機づけや意欲あることが，適切なアセスメントを行うための最低限の条件となります。したがって，アセスメントにおいてもクライエントへの共感的理解が第一に重要となるのです。

6　おわりに

　今回は，協働関係の形成を中心に初回面接の前半部で行う課題をまとめました。冒頭でも強調したように協働関係は，アセスメントの過程だけでなく，その後の介入の過程にも大きな影響を与えます。介入過程では，クライエントは，臨床心理士と協働して問題解決に当たることになります。その際，基本的にはクライエント自身の積極的な参加がなければ問題解決の作業が進まないことになります。そのことをクライエントに理解してもらうことも，初期面接の重要な課題となります。

　臨床心理活動にあっては，クライエントの主体的参加が解決に向けての原動力であり，臨床心理士は，それを援助する立場にあることを伝えることも初回面接の重要な目的のひとつなのです。それによって，その後の作業の基本的態勢が決まるのです。その点でも，初回面接の最初の段階からクライエントの語りをしっかりと聴き，クライエントが問題に取り組むのを援助するというかたちで協働関係を形成していくことが重要となります。

❖さらに深く理解するための文献

1）『心理臨床の基礎1・心理臨床の発想と実践』岩波書店，
　　下山晴彦，2000

　今回の講義でも強調したように，クライエントの語りへの共感的理解できることが，的確な臨床心理アセスメントをするための必須条件である。

臨床心理アセスメントは，一方的に情報を引き出す調査面接ではないのである。クライエントは，不安や不信感を抱えて来談する。あるいは，心理的に混乱している。そのようなときに自らが尊重され，理解されているという安心感や信頼感がなければ，クライエントは，重要な情報を語ることができない。本書は，そのような共感的コミュニケーションの方法とその訓練法を詳しく解説してあるとともに，それを基礎にして的確なアセスメント面接をするための方法とその訓練法も解説してある。

2）『動機づけ面接法』星和書店，
　　松島義博・後藤恵（訳），2007

　依存症の患者をはじめとして変化に向けての動機づけのないクライエントは多い。近年，ますます多くなっているといえる。そのような事例の場合に，アセスメントによって必要な情報を収集することも難しくなる。ましてや，介入に向けての意欲を高めることはさらに難しい。本書は，そのような動機づけの低いクライエントに対応する際の方法をわかりやすく解説したものである。

第19回講義

問題理解を深めるための情報収集

1 はじめに

　主訴は，事例の問題と密接に関連してはいますが，必ずしも問題そのものではありません。むしろ，主訴は，問題の結果として生じている現象であることも多いのです。そこで，事例の問題を明らかにするためには，主訴を手掛かりとしてどのような事柄が問題として生じているのかを幅広く探っていく必要があります。そのような事柄のなかで特に注意しなければならないのが，心理機能の障害です。

　心理機能の障害とは，医学的には精神症状といわれている状態を指します。精神症状とした場合には，精神障害の診断分類に結びつくことになります。もちろん，臨床心理士においても，精神障害の診断分類を的確に行う能力を備えていることが臨床活動の前提となっていることはいうまでもないことではあります。しかし，これまでの講義で繰り返し指摘しているように，臨床心理アセスメントにおいては，診断分類を超えて機能分析の観点から問題の所在を明確化していくことが求められます。そこで，この講義シリーズでは，あえて心理機能の障害という表現を用いることにしました。

　今回の講義では，心理機能の障害が疑われる場合に必要となる情報収集のポイントを紹介します。心理機能の障害に関するさらに詳しい情報収集の方法については，機能分析との関連で次回の講義で解説することにします。

2 心理機能の障害（精神症状）を知っておく

　先ほど述べたように主訴は，事例の問題そのものを必ずしも意味しているわけではありません。そこで，クライエントの主訴や来談経過だけでなく，さらに詳しく事例の問題を把握していくことが必要となります。特に心理機能の障害が疑われる場合には，その状態を詳しく調べていかなけれ

ばなりません。

　では，どのようにしたら，そのような問題把握が可能となるのでしょうか。それについては，段階を踏んで進むことが大切となります。クライエントは，主訴と来談経緯に関する問いに対しては，比較的，自発的に考えていることを語ります。次にそこで語られた事柄をさらに詳しく尋ねていくことによって，心理機能の障害（精神症状）の有無を確認していきます。

　もちろん，心理機能の障害が見出されたからといって，それがすぐに介入の対象となるわけではありません。つまり，心理機能の障害を精神症状として理解し，それに基づいて精神障害の診断分類がなされたとしても，それが，必ずしも臨床心理学の介入の対象となる問題になるというわけではないのです。心理機能の障害を精神医学の診断分類に帰結させずに，機能分析に活用させるために必要なことは，あえてそれらを機能の障害として留めておくことです。

　精神医学の診断分類では，特定の精神症状のまとまりを基準として，それぞれの精神障害に分類していきます。それに対して機能分析では，その機能の障害を分析のなかに組み入れていきます。思考や認知の障害であれば，認知的－言語的反応のモードの偏りとして機能分析に組み入れていきます。同様に知覚や感情の障害であれば生理的－身体的反応モードの偏りとして，欲動や行動の障害であれば身体的－動作的反応モードの偏りとして機能分析に組み入れていきます。

　ただし，臨床心理士であっても，心理機能の障害を伴うような深刻な問題を抱えたクライエントのアセスメントを行う場合には，精神症状に関する詳しい知識や判断基準を知っておくことが必要です。精神症状の説明は，人間の心理機能の障害を非常に詳しくまとめた解説集として活用することができます。したがって，精神症状に関する詳しい知識や判断基準を知っていることは，クライエントの心理的問題の程度や特徴を，詳しく厳密に把握していくための参照枠を得ることでもあります。そのような参照枠を活用することで，クライエントの問題行動の観察や心理状態に関する質問を，より的確に実行することが可能となります。そこで，表19-1に，そのような心理機能の障害としての精神症状をリストしてまとめたので参照してください。

表 19-1　主な心理機能の障害（精神症状）のリスト

A. 知覚の異常

（1）錯覚（illusion）：実在する対象を誤って知覚する。
（2）幻覚（hallucination）：実在しない対象を知覚していると信じる。
  ● 幻聴，幻視，幻味，幻触。

B. 思考の異常

（1）思考過程（観念連合）の異常
  ● 観念放逸（flight of ideas）：考えが次から次に飛躍し，話がまとまらない。
  ● 思考制止（inhibition of thought）：考えが出なくなり，話が進まない。
  ● 連合弛緩（loosing of association）：考え相互のまとまりが悪くなり，話がわかりにくくなる。
  ● 滅裂思考（desultory thought）：考え相互の結びつきがなく，話の統一性がなくなる。
  ● 思考途絶（blocking of thought）：考えが急に途切れる。考えが奪い去られる。

（2）思考体験の異常
  ● 強迫観念（obsessional idea）：ばかばかしい内容と思っても，考えを止めることができず苦しくなる。
  ● 恐怖症（phobia）：一定の対象や状況に関する思考に，コントロールできない恐怖や不安が結びつく。
  ● 思考干渉（control of thinking）：思考の主体性が失われ，他から支配されていると感じる。
    ・思考吹入：他人の考えが押し入ってくる。
    ・思考奪取：自分の考えを抜き取られる。

（3）思考内容の異常
  ● 妄想（delusion）：それまでの経験や客観的事実と矛盾しており，ありえない誤った内容でありながら，他者からの説明や反証を受け入れず，訂正不能な主観的確信。妄想の内容によって被害，関係，注察，誇大，血統，恋愛，嫉妬，心気妄想などに分けられる。
    ・妄想気分：周囲の様子が変わり，たいへんなことが起きそうだという不気味な感じをもつ。
    ・妄想着想：突然，ある考えがインスピレーションのように浮かび，それをそのまま確信する。
    ・妄想知覚：正常な知覚に妄想的な意味づけをする。

C. 記憶の異常

（1）記銘（fixation）の障害：意識障害，知能低下，感情障害などの場合に生じる。
（2）追想（reproduction）の障害：健忘（amnesia）と呼ばれ，全健忘と部分健忘がある。

D. 知能の異常

(1) 精神遅滞 (mental retardation)：先天性, 早期後天性の障害による知能の遅れ。
(2) 痴呆 (dementia)：知能が脳の障害によって永続的に低下した状態。

E. 自我の異常

(1) させられ体験 (passive feeling)：自分の行為が他から操られていると感じる。
(2) 多重人格 (multiple personality)：同一人物に別々の人格が現れる。
(3) 離人症 (depersonalization)：自己や外界の存在感や現実感がなくなる。
(4) 考想伝播 (thought broadcasting)：自分の考えが周囲に知れ渡ってしまうと感じる。

F. 感情の異常

(1) 抑うつ気分 (depression)：生命感情喪失。悲観的, 自己不全感, 焦燥, 罪責感, 希死念慮を伴う。
(2) 高揚気分 (elation)：生命感情（エネルギー）亢進。楽天的, 焦燥感, 易刺激性, 多動。
(3) 不安 (anxiety)：対象のない, 漠然とした恐れの感情。
(4) アンビバレンス (ambivalence)：愛と憎しみといった, 相反する感情が同時に存在する。
(5) 感情鈍麻 (blunted affect)：他者との感情交流や喜怒哀楽がなくなり, 周囲に無関心となる。
(6) 気分変動 (mood lability)：些細なことですぐに気分の動揺を来す。気分変易性。

G. 欲動・行動の異常

(1) 精神運動性の抑制 (psychomotor inhibition)：自発性, 活動性の低下。
(2) 精神運動性の興奮 (psychomotor excitation)：多弁, 多動, 興奮状態。
(3) 食欲の障害 (dysorexia)：無食欲, 拒食, 過食。
(4) 性欲の障害 (sexual desire problem)：亢進, 減退, 性的倒錯。
(5) アパシー (apathy)：意欲が低下し, 長期間にわたり無気力状態が続くこと。
(6) 無為 (abulia)：終始ぼんやり過ごすこと。
(7) 昏迷 (stupor)：行動がほとんどみられない状態。
(8) 常同性 (stereotypy)：無目的に同じ姿勢を取ったり, 同じ動作を繰り返す。

3 クライエントの全体的様子を把握する

　心理機能の障害を把握するためには, まず第1に名前を呼ばれたときの表情や面接室に入ってきたときの態度, さらには外見を観察しておくことが大切となります。また, 面接中の印象に注目します。外見については,

年齢相応かどうかをみます。また，服装と衛生管理にも注意します。清潔かどうか，TPOや年齢にふさわしいか，どのような色調かなどに注目します。表情については，笑顔が出るか，正常な表情かどうかをチェックします。まるで声が聞こえたり人がみえたりするかのように部屋のなかを何度もみまわすといった行動は，後述するような妄想や幻覚の存在が疑われます。また，チックがあるか否かも観察します。さらに，悲しい表情で「爽快な気分です」と答えるといった具合に言語情報と態度や行動が矛盾する場合があるのかも観察する必要があります。

第2に体格や姿勢の特徴を観察します。例えば，緊張しているかなどといった姿勢をチェックします。身体の動きにも注意します。身体を動かさない場合は，落ち着きというのではなく，緊張を示す場合が多いからです。不自然に姿勢をただすといった場合には，不安による場合が多いといえます。また，手をはじめとして四肢や顔の不随意運動も重要です。この他，不必要で目的に関係ない行動をする，意味もなくポーズを取る，沈黙し続ける，質問に応じない，奇妙な姿勢を取るなどの特徴がないか，観察します。

第3に，衰弱の程度をみます。これと関連してクライエントが話すときの声の大きさや高低，明瞭さ，抑揚に注意すべきです。言語については，学歴や生育歴にふさわしい言葉を用いているか，吃音や舌足らずな語り方，口ごもり，その他の言語障害があるかどうかも，併せて観察します。話の明瞭さと関連して"意識の明瞭さ"にも注意します。クライエントの意識状態が明瞭か否かをみるために，面接中の些細な変化にも気を配っておきます。過度な警戒や覚醒は，妄想や幻覚の可能性もあるので注意すべきです。

4　心理機能の障害を訊く

現在の状態を確認する

最初は現在の状態に話題を集中すべきです。なぜなら，クライエントはそのことを最も心配しており，また細部まで鮮明に描写できるからです。クライエントにとって心理機能の障害（精神症状）は，「何か変だ」という主観的感覚となっています。痛み，幻覚，不安感，問題行動なども，そのようなものとして感じられています。そこで，その「何か変だ」という状

態がどのような状況において，どのくらいの頻度でどの程度生じるのかを詳しく説明してもらいます。また，その状態がどの程度続き，どのように変化するのかも把握します。その際，クライエントの説明の仕方も重要な情報となります。

なお，自律神経系の問題も併せて確認しておくことが必要となります。自律神経系の問題とは，健康と活力の維持に関連する身体機能の障害です。これらは，深刻な精神障害に伴って多くみられるものです。そのため，スクリーニングに役立ちます。主な項目は，睡眠，食欲と体重，活力，気分の日内変動などです。

制限的質問の活用

面接の当初は，協働関係の形成が中心となるために自由回答式質問を用います。これによってクライエントは，自分にとって重要な問題を自分なりの表現で話すことが可能となり，くつろいだ雰囲気が生まれ，信頼関係が醸成しやすいのです。しかし，クライエントの問題がある程度みえてきた時点で，関連情報を効率的に得ることを目的として，収集したい情報を明確に表す制限的質問（例：「～の部分について詳しく話してください」「～については，～ということはありますか」）を多く用いるようにしていきます。クライエントが置かれた状況の全体がみえてきたならば，重要な部分を明らかにするためにポイントを絞った質問をしていくことになるのです。

制限的質問を多用する場合，臨床心理士が面接の主導権を握ることになります。そのような場合には，会話の内容が全体的に一貫しているかどうかに留意すべきです。臨床心理士の側で，確認していきたい問題が複数あった場合に，1つの話題から次の話題へ移ることになります。また，クライエントが反感や不安を示したために急に話題転換をすることが必要になる場合もあります。そのような場合，臨床心理士は，一方的に次の話題に移るのではなく，注意深く言葉を選んで話題を転じることの説明をクライエントにすべきです。そうすることでクライエントに敬意と関心を払っていることを示すと同時に，次に進む方向をクライエントが理解する助けにもなります。また，クライエントは，突然勝手に動かされたような感じを味わわずに済むことになります。

心理機能の障害（精神症状）を抱えるクライエントでは，その機能障害の現れとしてコミュニケーション能力が障害を受け，会話が混乱すること

があります。そのような場合には，臨床心理士がクライエントのコミュニケーションの特徴や偏りに応じて会話をコントロールしていく必要があります。例えば，話が詳しすぎる人や喋りすぎるクライエントに対しては，より積極的に面接を統制しなくてはなりません。躁的切迫感や精神病的猜疑心を伴って話す人には，一定の方向づけも必要となります。

 そのような場合，臨床心理士は，自分の言語表現を調節し，質問は明瞭かつ簡潔にすべきです。クライエントが出してくる話題をいちいち取り上げられない場合には，訊きたいことを質問する前にまず簡単に共感を示すことが必要となります。クライエントは，自らが提出した話題に対して共感が示されることである程度満足し，話題を変えることを受け入れます。クライエントの話を止めたいときは，臨床心理士の側の返答をゆっくりにし，ペースをダウンさせます。また，話があちこち飛びそうになったら，すぐに介入してその動きを止めることも必要です。

5 おわりに

 心理機能の障害は，精神医学の精神症状とほぼ重なるものです。しかし，心理機能の障害は，機能の障害であって，単純に病気の症状としての位置づけではありません。むしろ，多元的基準を考慮して，その意味をクライエントの生活全体のコンテクストに位置づけていくことを重視します。例えば，妄想がみられたとしても，それを単純に病理学のコンテクストから症状としてみていくだけでなく，思考機能の障害と位置づけ，クライエントの生活のコンテクストにおいてどのような意味をもっているのかを分析していきます。それが，第12回の講義で解説した機能分析に結びつくことになります。この点については，次回の講義で解説することにします。

❖さらに深く理解するための文献

1）『心理療法におけることばの使い方』誠信書房，
　　下山晴彦（訳），2001

 臨床面接においては，共感的理解が基礎技法として重視されている。実際に前回の講義でもその重要性を強調した。しかし，アセスメント面接では，単純に共感だけをしていればよいというのではない。問題の成り立ち

に関する情報を収集し，それに基づいて問題のメカニズムを客観的に分析していく視点が重要となる。ここでは，共感よりも，客観的な観察力や分析力が求められる。ところが，共感面接を中心としたカウンセリング系の教育訓練を受けている者は，共感から離れて問題を分析する視点を得ることが難しくなる。本書は，共感から問題を観察分析する視点を獲得するプロセスをわかりやすく解説しており，臨床心理アセスメント技能を高めるのに参考となる。

2）『精神医学を知る―メンタルヘルス専門職のために』東京大学出版会，金生由紀子・下山晴彦（編），2009

　特に心理機能の障害（精神症状）を呈する事例の場合，問題のメカニズムを観察分析していく際には，精神医学の体系的な知識が必要となる。本書は，臨床心理アセスメントを実践する際に知っておくべき精神医学の知識を，生物－心理－社会モデルに基づいて体系的に記述した書物である。精神医療の専門職と協働してチームを組むためにも，必須の知識がわかりやすく解説されているので参考となる。

第 7 章

初回面接（2）

第 20 回講義

ミクロな機能分析のための情報収集

1 はじめに

　心理機能の障害，つまり精神症状として示される能力の低下は，生物学的レベルの障害の存在が想定されるものが多く，その程度は深刻です。つまり，単なる心理能力の低下ではなく，生物学的レベルの障害（器質障害）をともなうほどに深刻な心理機能の障害ということです。このような深刻な心理機能の障害が起きている場合には，事例の問題は，その影響を非常に強く受けていることになります。少なくとも生物学的レベルでの障害が想定されているため，可変性が低くなっており，行動パターンは固定的になっています。医学的には，それが症状と判断されることになります。

　このように行動パターンが固定的になっているために，心理機能の障害が問題を維持させる要因となっている可能性が高くなります。したがって，ミクロな機能分析を行う場合には，心理機能の障害に関する情報は特に重要となります。その点で精神症状，つまり心理機能の障害を把握することは，精神医学的診断の観点からだけでなく，臨床心理アセスメントの観点からも非常に重要な作業となります。

2 知覚と感情の機能障害を把握する

知覚

　知覚機能の異常を代表するものとして幻覚があります。幻覚とは感覚刺激なしに生じる知覚です。音源が周囲にないのに音や声がしたり，他の人がみえないものをみたりした経験を尋ねます。精神障害では，幻聴，幻視の順に多くなります。いずれも，軽症の場合はぼんやりとしたノイズやイメージであり，明瞭な言葉や絵になるほど重症です。幻聴については，どの程度の頻度で生じるのか，どれくらい明瞭か，どこで聴こえるか，誰の声か，声は複数か単一か，どのような内容か，会話として聴こえるのか，

それに対してどのように反応するのか，なぜそれが聴こえると思うか，その声は命令するか，といった点を尋ねます。幻視の場合は，それが生じるのがアルコールや薬物などの物質使用時かどうか，どのような内容か，それに対してどのように反応するのかを尋ねます。この他，知覚の異常として錯覚や既視感があります。

感情

人が自分で感じている主観的な感情を指して気分（mood）と呼びます。感情は，基本的な気分（怒り，不安，満足，嫌悪，恐怖，罪悪感，苛立ち，楽しさ，悲しさ，恥，驚き）に分類されています。そして，通常は，ある一種類の気分が優勢となっています。クライエントの気分は，観察によって明確になります。それが明確にわからなければ質問して確かめます。クライエントが面接中に堰を切って泣き出したとしても，慌ててそれを抑えようとするのではなく，その背後の感情を把握するよう試みるべきです。また，クライエントの身体的表現も，感情の非言語的な手掛かりとなります。自分の感情を説明することができないだけでなく，認識することすらできないクライエントがいます。この場合は，失感情症と呼ばれます。

気分については，その変動性に注目する必要があります。気分変動が激しい場合，境界性パーソナリティ障害，躁病の多幸感などの可能性があります。逆に気分が変動しなくなる場合には，他者と情緒的に関わることのできない統合失調症や重度のうつ病，あるいはパーキンソン病などの神経疾患が考えられます。不安とは，特定の対象のない恐怖です。不快な身体感覚，易刺激性，集中力低下，精神的緊張，心配，過度の驚愕反応といった特徴を伴います。急激に生じる不安のエピソードは，パニック発作となります。

また，感情の適切さにも注意すべきです。つまり，クライエントの気分が状況と思考内容にふさわしいものであるかを評価します。親しい人の死を笑いながら話すといった場合には，統合失調症（の解体型）などの障害が想定されます。表現されていない感情を示す，この他の兆候に対して絶えず注意を払う必要もあります。ただし，過大解釈をしないようにすべきです。

3 思考・認知の機能障害を把握する

思考過程

　クライエントの語りには思考が反映されるという仮定に基づき，語りの流れを観察します。精神障害の急性期には，連合（言葉が意味の通る文や句をなすこと）が混乱します。また，話す速度とリズムもバランスを欠いたものとなります。ただし，臨床心理士自身にとって違和感のある話し方だからといって，すぐに病理的な意味づけをしないよう注意すべきです。話し方は，文化的，言語的背景の影響を受けるものだからです。

　連合弛緩（loosing of associations）とは，言葉の連なりが論理にではなく，リズムや語呂合わせのルールに従っており，本人にしかわからない意味を帯びている場合を指します。その特殊なタイプに観念放逸（flight of ideas：会話が1つの観念から別の観念へ急に飛び移る）があります。これは，躁状態でみられます。また，質問に関係のないことを答える的外れの応答もあります。連合弛緩や的外れ応答は，統合失調症に多いですが，躁状態でもみられることがあります。自発的に話そうとしないのは，うつ状態の特徴です。これに対して無言になるのは，統合失調症に多く，また身体化障害の場合もあります。ただし，失声症と区別する必要があります。

　話す速度とリズムも，思考の流れの障害と関連しています。切迫して喋りつづけようとする場合は，思考が速すぎて言葉がついていかないことを示しており，躁状態でしばしばみられます。逆に，反応が出るまでの間が長くなる精神運動制止（psycho-motor retardation）は，重度のうつ病の特徴です。言語のリズム障害には，吃音があります。

　なお，思考・認知機能の障害としては，この他に注意や集中や記憶といった基本的な情報処理システムの機能，見当識，言語能力，知識や抽象思考能力，洞察や判断についての情報も必要となります。

思考体験

　ある特定の強い感情を帯びて思考を経験する場合，思考そのものが苦悩の原因となります。そのような異常な思考体験として強迫性障害，恐怖症，自殺念慮，破壊的思考などがあります。強迫観念は，強い不安感と結びついた思考です。そこでは，不合理や不快だと思って抵抗を感じているにも

かかわらず，その不快な思考内容が持続してしまいます。強迫性障害は，この強迫観念に加えて，不要で不適切という自覚がありつつ繰り返される強迫行為から構成されます。強迫症は，不合理性の認識と，それへの抵抗が特徴です。恐怖症は，恐怖感と結びついた思考体験です。特定の対象や状況そのものへの恐怖だけでなく，それを考えたり，イメージしたりするだけで，不合理で強い恐怖感が生じます。恐怖症は，次節の妄想と違ってクライエント自身が不合理性を認識している点が特徴です。

強い抑うつ感情が結びついている思考として，自殺念慮があります。自殺念慮がみられた場合は，過去および現在の自殺企図について訊く必要があります。すでに自傷の経験がある人には特に要注意です。また，攻撃感情と結びついた思考として，他者を傷つける，あるいは殺すといった破壊的思考があります。これに関しても，実行に移す可能性や過去の企図について情報を得るとともに，その手段を本人がもっているか考えなくてはなりません。いずれにしても，緊急対応を心しておく必要があります。

思考内容

面接で交わしてきた会話から，クライエントの認知機能の特徴をある程度把握することができます。そのなかで認知機能の障害が疑われる場合には，意識的にその障害の可能性についてアセスメントすることが必要となります。ただし，認知機能の障害がある場合には，認知が被害的傾向を帯びることが多いので，直截にその障害の可能性を取り上げるのではなく，共感的な態度を保ちつつ，慎重にその可能性を探っていくことが必要となります。

思考内容の異常は，妄想と呼ばれます。妄想とは，同じ文化内の他者からみて明らかに誤っており，その確たる証拠があるのにもかかわらず，揺らがない信念や観念です。しかも，それが神経的あるいは情緒的問題に由来すると本人が考えていない場合（洞察欠如）に，それは，妄想と判断されます。他人に異常とみられるのを恐れて妄想を隠すクライエントもいるので，判断を差し控える共感的な姿勢で聴き，リラックスさせる必要があります。

また，妄想に対しては，是認も挑戦もしないように留意し，なるべく妄想について意見を述べないのがよいでしょう。妄想については，どれくらい持続するのか，どのように感じ，どのような行動に出る（つもり）か，なぜそのような考えが起きると思うかを尋ねます。妄想が気分と一致して

いる場合は気分障害が，一致しない場合には統合失調症が疑われます。

　妄想の種類としては，さまざまなものがあります。関係妄想とは，中傷やスパイをされていると思い込み，マスコミや他者の話を自分に関連づけるものです。妄想型統合失調症に多いのですが，他の精神病でもみられます。また，自分を高貴な地位や特権，才能をもった人物とみなすものは誇大妄想と呼ばれ，躁病や統合失調症に典型的です。罪業妄想とは，何らかの重大な罪のために自分が罰せられなくてはならないと思い込むもので，重度のうつ病や妄想性障害でみられます。自分の考えが広く知れ渡るという思考伝播は，統合失調症にみられます。また，配偶者が不実であるという嫉妬妄想は，アルコール性妄想や妄想型統合失調症，妄想性障害にみられます。身体が病魔に冒されているという心気妄想は，重度のうつ病や統合失調症に生じることがあり，極端な場合，否定妄想（死）となります。被害妄想は，自分が攻撃や差別を被っているというもので，妄想型統合失調症に典型的です。また，貧困妄想は，重度のうつ病にみられます。

4　自我意識とパーソナリティの障害を把握する

自我意識

　自我意識は，上記の心理機能の障害によって重大な影響を受けます。また，自我意識そのものが変容する状態もみられます。自己や外界の存在感や現実感が変容，あるいは喪失する離人感，同一人物に別々の人格が現れる多重人格がそれに当たります。これは，解離性障害と関連する心理機能の障害といえます。この他，上記妄想と関連するものとして，自分がマスコミなどの他の者から操られているといった"させられ体験"があります。"させられ体験"は統合失調症に典型的です。これに関連して，思考や感情などが侵入したり（思考吹入），ないし抜き取られたり（思考奪取）といった"思考干渉"があります。また，自分の考えが周囲に知れ渡ってしまうと感じる考想伝播があります。これらは，いずれも自己コントロールと同一性が失われた状態です。

パーソナリティ

　パーソナリティ（人格）とは，生後数カ月にはすでにみられる行動パターンのことであり，加齢とともに明確になり，生涯にわたって持続します。

これによって親密な他者，上司，同僚をはじめとする対人関係が特徴づけられ，十人十色の様相を呈することになります。あまりにも顕著なために本人の社会的機能が妨げられる場合，これをパーソナリティ障害と呼びます。

パーソナリティ障害は，病気ではなく，偏った行動パターンを示す状態です。この偏った行動パターンによって問題が引き起こされていると考えられます。子ども時代の環境要因に由来する場合もあれば遺伝的要因による場合もあり，時には両方が影響している場合もあります。対人的な葛藤ないし不適応が示唆される行動を繰り返すことが，パーソナリティ障害の基準です。これには，面接中の話し方や振る舞い方を観察するのも重要な手掛かりとなります。また何よりも，職業の変転や就労形態，結婚生活の維持や関係形成の能力などクライエントの履歴を通して，いろいろなストレッサーへの反応のパターンが明らかになります。

ただし，対人的な問題をもつ人がすべてパーソナリティ障害とは限りません。上司が暴君的であるとか配偶者が精神病を患っているといった環境要因も考えられます。あくまでも，行動や態度および対人的な関わりの持続的なパターンが，パーソナリティ障害の判断基準となります。

5　おわりに

これまでも何回も指摘しているように心理機能の障害は，内容としては精神医学の精神症状とほぼ重なるものです。しかし，本講義シリーズでは，あえて名称を分けて用いました。それは，用いるコンテクストが異なるからです。精神症状は，精神医学の名のもとに，心理的問題を判断する多元的基準のひとつである病理的基準によって判断されるものです。そして，精神障害の"症状"として位置づけられます。その結果，診断分類のための情報として，さらには投薬治療の薬物選択のための情報としての意味が与えられるのです。

しかし，臨床心理アセスメントにおいては，診断分類を超えて，機能分析の観点から問題の所在を明確化していくことが求められます。その方法として用いられるのが機能分析であり，その結果をまとめて問題の成り立ち（メカニズム）を明らかにするのが問題のフォーミュレーションとなります。フォーミュレーションのための面接法については，第22回の講義で具体的に解説します。

❖ さらに深く理解するための文献

1)『精神・症状学ハンドブック（第2版）』日本評論社，
　北村俊則，2003

　本書は，今回の講義で概説した精神症状をひとつひとつ詳しく定義し，それを聴き取るスキルがわかりやすく紹介されているので，参考となる。それに加えて精神症状学の立場から，症状，症候群，疾患の区別を述べ，診断に至るプロセスが説明されているので，精神医学における精神症状とは何か，それをどのように判断するのか，そしてそこから診断にどう結びつくのかという，精神科医療の判断プロセスを知るうえでも役立つ書物である。

2)『テキスト臨床心理学別巻・理解のための手引き』誠信書房，
　下山晴彦（編著），2008

　本書は，精神障害の各診断分類について生物的要因，心理的要因，社会的要因の観点からなされた研究成果に基づき，各障害の成因に関する最新の知見のポイントを整理したものである。また，効果的研究の結果に基づき，各障害に関して有効とみなされている介入法の要点も提示されている。さらに，現在日本の精神科領域で用いられている薬物についても体系的に解説されているので，精神医療と協働してケース・フォーミュレーションを実践していく際の必携書となっている。

第21回講義

マクロな機能分析のための情報収集

1　はじめに

　機能分析を実施するうえで，心理機能の障害とともに重要となるのがクライエントの生活史です。クライエントの問題は，突如として発生したものではなく，その人の生活史のなかで徐々に発展してきている可能性が高いといえます。しかも，一度問題が発現したならば，それは，クライエントが生活しているさまざまな状況と関連し合って問題を維持，悪化させる悪循環のシステムが形成されていることは，すでにみてきたとおりです。クライエントの問題の発生と発展に関わるだけでなく，さらの問題の維持や悪化とも関わっているのがクライエントの生活史なのです。したがって，生活史に関する情報は，マクロな機能分析をする際に最も重要となる情報となります。

　そこで，今回の講義では，生活史に関する情報を探る要点をまとめることにします。以下において，クライエントの問題が生じた文脈，すなわち家族背景などを把握する際の項目のうち，日本の現状に照らして重要と考えたものをまとめました。面接の目的や時間的都合を考慮して，必要な情報を選択的に得るようにすべきです。

　なお，主要なライフイベントや病気にまつわる最近の出来事は正確に想起しやすいのですが，幼い頃のことや人から聞いたこと，人との争いなどは想起が歪む傾向があることは留意すべきです。話を聞きながら自分の内的基準に照らしたり，カルテや，親類や友人との面接といった外的な手段からチェックしたりといった工夫をする必要があります。

2　出生から思春期

子ども時代の養育環境

　出生から訊くのが順当です。両親から受ける扱いには出生順位ごとの特徴があります。親の不在や多忙による養育の欠如や不足は，その後のパー

ソナリティの発達と関連しているので要注意です。親に関しては，クライエントを産んだのは何歳のときで，子育てへの心理的・物理的準備は十分だったか，就労していたか，クライエントと過ごす時間があったか，どのような方針でしつけをしたか，親が長期間留守にしたことがあるかなどを尋ねます。また，引っ越しの頻度や，趣味やクラブ活動，人づきあいが好きだったかどうかを訊きます。

重要なのは，子ども時代の環境の全体像を把握し，そのなかにクライエントを位置づけようとすることです。子どもの頃に養子になっている場合，生みの親を知らないことによる不全感に襲われて「ルーツ探し」へと駆り立てられる傾向があります。また，どのような家族でも，クライエントの両親（ないし養育者）同士の関係について尋ねておくべきです。

乳幼児期と思春期の健康

子ども時代の全般的健康や気質，問題について尋ねます。なお，始歩や初語といった発達指標は，精神遅滞や発達障害の場合に重要となります。子ども時代の病気の経験，それと関連する過保護などの情報も要チェックです。また，気質は，数カ月で現れて成人期まで持続する可能性があります。子ども時代の夜尿やチック，吃音，肥満，悪夢，恐怖症などは，当時クライエントがストレスを感じていたことを示唆しています。さらに，思春期における発達の遅さあるいは早熟が，クライエントの羞恥心などに影響を与えている可能性もあります。

教育歴

教育を受けた経験に関して，最終学歴や成績，学校が好きだったかどうか，問題行動や留年，不登校の経験があるかどうかを尋ねます。注意欠陥多動性障害は，機能昂進や注意スパンの短さ，学業成績の低さが指標となります。また，子ども時代に著しく多動で初歩が早かったという場合もあります。なお，不登校の経験は，その後の不適応と関連しているので注意すべきです。

虐待・いじめ

成人のパーソナリティに大きく影響するものに，子ども時代の虐待やいじめの問題があります。虐待については，かなり深刻な問題です。必要に応じて虐待にまつわる事実とそれに対する両親の態度や，助けようとした人がいたかどうか，クライエント自身が当時どのように感じ，どのような

影響を受けたか，成人した現在どう感じているかを尋ねます。

　虐待やいじめについては，意識化されていない場合もあって情報を得るのは難しいので，徐々に情報を収集していくことになります。また，いじめは，特に現代日本において広くみられる社会問題であり，不登校やひきこもり，ひいては自殺の引き金となることも珍しくありません。いじめについて語りたがらないクライエントもいるので慎重に扱っていき，虐待の場合と同じく正確な情報を集める必要があります。

3　成人期

職歴

　職歴から，クライエントの潜在的な能力や病気の影響に関する客観的で信頼できるデータが得られます。現在の職業から遡り，これまで就いてきた職業について，満足度なども含めて訊いていきます。現在無職であったり短期間で職を転々としたりしている場合には，そのときの状況を訊いておきます。短期間に何度も職を変えるのはパーソナリティ障害に多いともいえます。少なくとも最近の数年間就労していない場合は，何らかの心理機能の障害があることも想定して情報を取ります。

対人関係

　まず同居家族を確認し，原家族および配偶者の原家族との物理的・心理的距離を把握します。日本では，結婚しても家を建てれば親を呼び寄せて二世帯同居となる場合が多くみられますが，このような心理的問題や家庭内暴力などの間接的・直接的原因となり得ます。また，近隣との関係について訴えるクライエントに対しては，それが妄想である可能性をチェックします。趣味などを通した人づきあいがどの程度あるのかも訊くとよいでしょう。生活状況として，暮らしぶりを把握し，収入の安定性や自己管理能力も確認しておきます。

　結婚生活をしている場合には，現在の結婚にまつわることから始めて，結婚のいきさつ，離婚していれば，それについても情報を得ます。その際，全体的なことから具体的なことへと質問を進めていきます。情緒的な問題が現在の結婚生活にどう影響しているか，またパートナーとの関係がどのようなもので，それに満足しているかも，十分に時間を割いて尋ねます。

4 生活機能から障害を理解する

　周知のように，現行の米国の精神障害の診断分類基準であるDSM-Ⅳ-TRでは，多軸評定のシステムを採用しています。前回の講義で解説した心理機能の障害は，主に第Ⅰ軸「臨床疾患，臨床的関与の対象となることのある他の状態」に関連する精神症状ということになります。パーソナリティの障害については，第Ⅱ軸の「パーソナリティ障害」と関連してきます。

　しかし，DSM-Ⅳ-TRでは，この他に第Ⅲ軸として「一般身体疾患」と第Ⅳ軸に「心理社会的および環境的問題」を取り上げています。例えば，「心理社会的および環境的問題」としては，1次支援グループに関する問題，社会的環境に関する問題，教育上の問題，職業上の問題，住居の問題，経済的問題，保健機関利用上の問題，法律関係および犯罪に関連した問題などが挙げられています。

　さらに第Ⅴ軸では，「精神的健康と病気という一つの仮想的な連続体にあって，心理的，社会的，職業的機能を考慮せよ」との注釈をつけて，表21-1に示した「機能の全体的評価尺度」を提案しています。表21-1の内容をみていただくとわかるように，精神症状が常に社会心理的な機能との関連で位置づけられています。例えば，「現実検討かコミュニケーションにいくらかの欠陥（例：会話は時々非論理的，あいまい，または関係性がなくなる），または，仕事や学校，家族関係，判断，思考，または気分など多くの面での重大な欠陥（例：抑うつ的な男が友人を避け，家族を無視し，仕事ができない。子供がしばしば年下の子供をなぐり，家庭では反抗的であり，学校では勉強ができない）」というような記述が示されています。

　このような点を考えるならば，機能障害といった場合には，単に精神障害だけでなく，身体的機能や心理社会的機能の障害も含めて，生活全体のなかで問題理解を理解することが必要となるといえます。これは，本講義シリーズで強調してきた生物－心理－社会モデルで問題理解をしていくという発想につながるものです。したがって，機能分析にあたっては，ミクロなレベルで心理機能の障害を含む問題のメカニズムを明らかにするとともに，そのような問題がクライエントの生活史においてどのように発展してきて，現在の生活の心理社会的な関係のなかでどのような支障をきたしているのかというマクロなレベルの問題理解も必要となってくるのです。

表21-1 機能の全体的評価(GAF)尺度
(『DSM-IV-TR 精神疾患の分類と診断の手引き』改訂版(医学書院)より引用)

[100-91]
広範囲の行動にわたって最高に機能しており,生活上の問題で手に負えないものは何もなく,その人の多数の長所があるために他の人々から求められている。症状は何もない。

[90-81]
症状がまったくないか,ほんの少しだけ(例:試験前の軽い不安)。すべての面でよい機能で,広範囲の活動に興味をもち参加し,社交的にはそつがなく,生活に大体満足し,日々のありふれた問題や心配以上のものはない(例:たまに家族と口論する)。

[80-71]
症状があったとしても,心理的社会的ストレスに対する一過性で予期される反応である(例:家族と口論した後の集中困難)。社会的,職業的または学校の機能にごくわずかな障害以上のものはない(例:一時的に学業で遅れを取る)。

[70-61]
いくつかの軽い症状がある(例:抑うつ気分と軽い不眠)。または,社会的,職業的,または学校の機能にいくらかの困難はある(例:時にずる休みをしたり,家の金を盗んだりする)が,全般的には,機能はかなり良好であって,有意義な対人関係もかなりある。

[60-51]
中等度の症状(例:感情が平板的で,会話がまわりくどい,時に,パニック発作がある),または,社会的,職業的,または学校の機能における中等度の障害(例:友達が少ししかいない,仲間や仕事の同僚との葛藤)。

[50-41]
重大な症状(例:自殺念慮,強迫的儀式が重症,しょっちゅう万引する)。または,社会的,職業的,または学校の機能における何らかの深刻な障害(例:友達がいない,仕事が続かない)。

[40-31]
現実検討かコミュニケーションにいくらかの欠陥(例:会話は時々非論理的,あいまい,または関係性がなくなる),または,仕事や学校,家族関係,判断,思考,または気分など多くの面での重大な欠陥(例:抑うつ的な男が友人を避け,家族を無視し,仕事ができない。子供が年下の子供を殴り,家庭では反抗的であり,学校では勉強ができない)。

[30-21]
行動は妄想や幻覚に相当影響されている。またはコミュニケーションか判断に重大な欠陥がある(例:時々,滅裂,ひどく不適切にふるまう,自殺の考えにとらわれている),または,ほとんどすべての面で機能することができない(例:1日中床についている,仕事も家庭も友達もない)。

[20-11]
自己または他者を傷つける危険がかなりあるか(例:死をはっきり予期することなしに自殺企画,しばしば暴力的になる,躁病性興奮),または,時には最低限の身辺の清潔維持ができない(例:大便を塗りたくる)。または,コミュニケーションに重大な欠陥(例:大部分滅裂か無言症)

[10-1]
自己または他者をひどく傷つける危険が続いている(例:暴力の繰り返し),または最低限の身辺の清潔維持が持続的に不可能,または,死をはっきり予測した重大な自殺行為。

[0]
情報不十分

5　おわりに

　本講義では，主に生活史を把握するための手続きとポイントを示しました。少なくとも臨床心理アセスメントでは，診断分類が明らかになったからといって，最終的な問題が見出されたとは考えません。臨床心理アセスメントが対象とする問題は，心理機能の障害がみられる事例の場合「心理機能の障害をひとつの素因として，それに他のさまざまな要因が加わって形成され，クライエントの生活の妨げとなり，その結果クライエントが主訴として示す困難を生み出している事態」と定義できます。したがって，クライエントの生活というコンテクストにおいて困難を引き起こしている事態を「臨床心理アセスメントの対象となる問題」とみなします。これは，DSM-IV-TR の第Ⅴ軸において機能の全体的評価尺度として示された発想とも重なるものです。

　そのような問題を形成し，さらには維持，発展させているメカニズムを機能の観点から分析し，明らかにするのが機能分析です。さらに，その問題の形成・維持のメカニズムに基づいて介入の方針を仮説として定めるのがケース・フォーミュレーションです。このようなケース・フォーミュレーションを行うことが，初回面接（あるいは，それに引き続いて行われるアセスメント面接）の最終目標となります。そこで，ケース・フォーミュレーションを的確に遂行するための面接法について次回の講義で詳しく解説することにします。

❖さらに深く理解するための文献

1)『講座臨床心理学 5・発達臨床心理学』東京大学出版会，
　　下山晴彦・丹野義彦（編），2001

　マクロな視点からケース・フォーミュレーションを行う場合には，時間の経過を追うことが重要となる。多くの場合，問題は突然に発生したのではなく，子ども時代に始まって次第に問題行動や心理機能の障害として発展してきたものである。本書は，ライフサイクルの各発達段階の課題を解説したものであり，発達の観点から問題の形成を理解する際の重要な枠組みを得るために参考となる。

第22回講義

ケース・フォーミュレーションのための面接法

1 はじめに

　これまでの講義を聴いてきた皆さんは，機能分析を核とするケース・フォーミュレーションが何を目指すものであり，そのためにどのような段階を追って進むものであるのかを理解できたことと思います。また，臨床心理実践においては，それがいかに重要な作業であるのかも理解できたと思います。

　しかし，それをどのように実行するのかという実践となると，まだ具体的なイメージがつかめていないのではないかと思います。ケース・フォーミュレーションは，実際には，事例の問題に関する多様なデータを収集し，そこから機能分析を用いて問題を維持・悪化させているメカニズムを明らかにしたうえで，介入方針を定めるという，非常に複雑な情報処理の過程となります。しかも，それを，クライエントとのコミュニケーションを通して実行していくことになります。したがって，ケース・フォーミュレーションを実践できるためには，それ相当の面接技能が必要となります。

　そこで，今回の講義では，ケース・フォーミュレーションを実行するための面接技法のポイントについて解説することにします。具体的には，面接技法を4つの段階に分けて述べることにします。第1は，クライエントの心理的問題を把握し，問題を構成している要素を明らかにするための情報収集を的確に行う段階です。第2は，クライエントの心理的問題をコンテクストのなかで理解し，ミクロの機能分析を行う段階です。第3は，マクロの機能分析によって問題のフォーミュレーションを完成させる段階です。第4は，クライエントに問題のフォーミュレーションをフィードバックして共有し，介入の目標を設定する段階です。なお，この4つの段階は便宜的に分けたものであって，実際には各3段階は前後したり循環的に行われたりすることになります。

2　問題の構成要素を明らかにする

　面接では，まずクライエントの問題の全体的なアウトラインを聴き取り，仮説を生成し要因を探索するための鍵となるポイントを書き留めます。クライエントの問題の全体的なアウトラインを知るために必要な質問のポイントは，「何が問題なのか。困っている事柄（であるとクライエントが認知していること）は，何なのか」，「なぜこの時期に援助を求めてきたのか」，「問題を進行させる特別な背景が存在するのか」の3点です。

　必ずしもクライエントは，自分の問題を整理して臨床心理士のもとを訪れるわけではありません。したがって，臨床心理士の側でクライエントに尋ねて得られた情報に基づき，「何が問題である」とクライエントが感じ，「何に困ってやってきたのか」を簡潔に整理し，それをフィードバックしてはじめてクライエントと問題を共有することができるのです。そのような共有をした後に，細部を質問することになります。

　また，「なぜこの時期に援助を求めてきたのか」を訊くことは，クライエントの問題と深く関わりのある出来事や人物を知るうえでの参考となります。ただし，"なぜ"ということばはクライエントに負担をかけるため，「こちらに相談に来ようと思われたのには，何かきっかけとなるような出来事がありましたか」などのように問いかけるのがよいでしょう。さらに，離婚，失業，災害など，クライエントの問題を進行させるような特別な事情が存在しているのかどうかについても，面接のはじめの段階で確認しておくことが必要です。

　クライエントの問題の概略を明らかにしたならば，続けて，より細部にわたり，どのような要因がクライエントの心理的問題を構成しているのかを尋ねていきます。その際，できるだけ具体的な回答を引き出すことができるように質問し，最近の例を挙げるように促しながら面接を進めます。質問は，行動・認知・感情・身体の各側面に分けて，それぞれについて症状や問題の有無を確認していきます。もし何か症状や問題がある場合には，具体的に，"どのような"問題や症状が，"いつから"，"どのような場所で"，"どのくらいの頻度で"，"誰と一緒にいるとき"に発生し，クライエントに"どれほどの苦痛をもたらし"，"どのくらい混乱させるのか"を確かめていきます。

3　ミクロなコンテクストのなかで問題を理解する

　クライエントが意識しているにせよ，いないにせよ，心理的問題は常に何らかのコンテクスト（文脈）のなかで発現しています。したがって，クライエントの問題が，どのようなきっかけで引き起こされるのか，そしてクライエントの反応が何をもたらし，心理的問題の維持や悪化にどのようにつながっているのかをコンテクストとして理解することが必要になります。コンテクストとして理解するということは，心理的問題の連鎖のありようを探知し，それを断つための糸口を見出すことです。それを機能分析によって明らかにしていきます。

　何がクライエントの問題を引き起こすのか。そして問題の発現の直前に何が起きるのか。臨床心理士は，その手掛かりを明らかにする必要があります。手掛かりは，問題発現の状況（どのような状況で），行動（何をする際に），認知（どのようなことが頭に浮かぶ），感情（どういう気分のときに），対人関係（誰が何をするときに），身体（どのような身体感覚が生じる）の各側面から，心理的問題の発生につながっているものを具体的に確認していきます。そして，それらとクライエントの心理的問題とのつながりを明確にしていきます。

　さらに，問題を引き起こす手掛かりだけでなく，発現した問題を維持し悪化させている要因を明らかにしなければなりません。心理的問題を維持し悪化させている要因は，必ずしも外部からやってくるわけではなく，クライエントの考え方や反応のなかに潜んでいる場合も多いといえます。"回避"はその最も典型的な一例です。ある問題が生じることでクライエントは何らかの事態を回避してしまいます。そして，回避してしまったことによって，元々の事態が悪化してしまいます。それがさらなる回避につながる，という悪循環となるわけです。

　回避以外にも，心理的問題を維持させている要因は，数多く存在しています。そうした要因は，クライエントの過去の治療歴，相談歴，過去の治療・相談に対するクライエントの考え方のなかに見出せることがしばしばあります。したがって，過去にどのような治療・相談を受け，それがどのような効果をもたらしたのか，もたらさなかったのか，そしてそのことについて今クライエントがどう思っているのか，そうした点について聴き取ることが大切です。

治療・相談に関するクライエントの考え方と，臨床心理士の考え方が合致しない場合には，クライエントの側に抵抗が生じることになります。そこで，まずその点についての話し合いが必要とされるために，両者の考え方の違いを明らかにしておく事が重要となります。

4 マクロなコンテクストのなかで問題を理解する

　マクロの機能分析をする際に役立つのが，各々の問題行動に関連する出来事がどのように発展してきたのかを詳しく探ることです。発達分析では，問題が最初に発現した状況，環境からの影響，問題の発生に関連する脆弱性などの素因を明らかにすることが必要となります。例えば，生物的脆弱性，初期経験，習慣といった要因が，問題の素因とみなされます。特に複雑な問題の事例では，しばしば乳幼児期に不適切な思い込みを形成してしまい，そのような思い込みによって問題行動が生じることがあります。

　また，問題行動が発生したことによって変化した事柄を調べることも必要となります。その際，問題行動の発生前はどのような状況で，発現後にはどのような状況になったのかを確認します。さらに，その変化が他の問題行動の領域との間でどのような相互作用を示したのかについても注意深く調べる必要があります。なぜならば，対象となっている問題の発生や維持と関わる要因が，他の問題行動と関連していることがしばしばあるからです。

　発達分析の手続きとしては，問題の発生時期と，そのときの状況の確認をすることが，まず必要となります。例えば，心理機能の障害（精神症状）が出現した時期と期間を確定しなければなりません。特に目立った問題の始まりに関しては，より正確に話すよう求めます。複数あって難しい場合は，そのうちのどれが最初に生じたのか知る必要があります。

　クライエントの問題の契機となり，それを悪化させるような出来事がストレッサーです。ある人にとって安全なものが別の人には脅威となるので，あらゆるものが潜在的にストレッサーになり得ます。問題の発生時期を特定できたらすぐに，「その問題が始まった頃に，何かありましたか」と尋ねるのがよいでしょう。ストレッサーが発見できないときでも，「この問題で長い間悩んでおられたようですが，今回助けを求めていらしたのはなぜでしょうか」という質問をします。この段階で明確にできれば，ストレッサーを中心として問題が生じてきた状況について詳しく聴いておくことが望

ましいといえます。しかし，ここで，状況を明らかにできなくても，再度機能分析の段階で尋ねるので，あまり深追いしなくてもよいでしょう。

問題が生じてきた状況と関連して，クライエントの対人関係がどのように影響しているかを把握する必要があります。対人関係の問題がストレッサーになる可能性が最も高いからです。さらに，問題の発生によって，対人関係上の問題がさらに深刻化することが多くなります。これは，問題を維持する要因となります。なお，対人関係状況と関連して家族関係を尋ねておくことも必要となります。まず親や兄弟姉妹，配偶者（パートナー），そして子どもがいれば，子どもを含めて簡単な家族のプロフィールを尋ねます。次いで，彼らとクライエントとの関係を尋ねます。その際，子ども時代の関係のみならず現在の関係も訊き，不和であればその理由を明らかにします。さらに，精神障害の家族間伝達，すなわち血縁者のなかに精神科関連の症状をもつ者がいたかどうかを確認します。

各々の問題行動に関連する出来事がどのように発展してきたのかを詳しく探るうえでは，治療・相談の経過を把握することが必要となります。以前に同様の精神状態が生じたかどうかは，心理機能の障害（精神症状）の程度や種類を知るうえで重要な情報となります。完全に回復したのか，それともまだ状態が悪いまま残っているのかが重要です。

これと関連して，以前，悪い状態が起きたときにクライエントがどのように対処したのかについて尋ねることも重要です。クライエントの問題への対処能力を知るための情報となるからです。それと関連して，以前に相談機関や医療機関にかかった経験があるか，あればどこでどれくらいの期間かかっていたのかについて改めて確認しておく必要があります。この点については，クライエントの自尊心や罪の意識を刺激しないよう配慮しつつ訊くことが求められます。また，処方薬とその副作用，以前の治療の効果や入院経験について尋ねることも重要です。

現在，他の相談機関や医療機関にかかっているかどうかを確認することも必要です。もしかかっていれば，別の臨床機関を訪れることに関してクライエントが担当の臨床心理士や医師に話しているかどうか尋ねなければなりません。話し合いのないまま来談した人を，担当者に黙って新たな臨床心理士が引き受ければ，クライエントと現在の担当者との関係は臨床的に無意味なものになってしまいます。臨床心理士は，基本的にクライエントを現在の担当者のもとに返すことを目標として，なぜ別の相談を求めたのか，現在の担当者との関係では何が不満なのか，その理由をクライエン

トが整理するのを援助することを優先すべきです。

　また，クライエントのもつ資源や可能性についての情報を得ておくことも重要です。資源や可能性を知ることで，問題を一面的に理解してしまうのを避けることができます。さらに，クライエントの可能性を共有することは，クライエントが問題解決に意欲的になるきっかけともなります。そこで，自己コントロールのスキルを利用することで，クライエントが適応行動を形成できそうな領域をアセスメントしておくことも必要となります。それと関連して，クライエントは環境さえ整えば，問題に対処できるのかどうかを調べておくことが役立ちます。具体的には，以前には問題に対処できたことがあったのか，それはどのような環境であったのか，それはどうしてなのかについても調べておくとよいでしょう。

5　クライエントとの心理的問題の共有と目標設定

　何がクライエントの問題なのか，そして，どのようなコンテクストのなかでクライエントの問題が発生し，発展し，維持されているのか。その点が把握できたならば，その内容を整理してクライエントに伝え，共有することが求められます。問題を共有することは，その後のプロセスを協働作業として位置づけていくために不可欠です。クライエントが自分独自の問題意識にとらわれていたり，介入というものを誤解していたりすることは珍しいことではありません。そうした問題点を事前に排除しておくという意味で，問題の共有は重要な意味をもちます。ただし，共有するためにクライエントに問題点を伝える際には，できるだけわかりやすく，情報過多にならないように，そしてクライエントにもコメントする時間を十分に与えるように配慮します。お互いが相手の意見に対してオープンな態度を取ることが，介入の進展に有益なのです。

　クライエントの問題が共有できたならば，それを踏まえて介入目標を設定します。目標の設定に際しては，クライエントと丁寧に話し合い，個々の問題に対して特定の具体的な目標を設定します。また，必要であれば，中間的な2次的目標も設定しておきます。目標設定は，介入効果を測定するうえで必要なプロセスです。しかし，それだけでなく，目標を設定すること自体にもいくつかの利点があります。例えば，クライエントに対し，介入の成果として期待できることと期待できないことを事前に明確にすることができます。また，将来に対して変化を起こし得ることを強調するこ

ともできます。目標は明確で具体的に設定し,「～しないこと」といったネガティブな言い回しではなく,「～できるようになる」などのポジティブな言い回しによって表現するほうがよいでしょう。

6 おわりに

　以上,ケース・フォーミュレーションを的確に行うための面接のポイントをまとめました。改めて確認するならば,最終的に重要となる要点は,「問題をコンテクストのなかで理解する」ということと,「理解したことをクライエントに伝える」ということです。この作業を通してクライエントの問題理解が深まるとともに,問題に対処していく準備が整うことになります。具体的には,クライエントは,問題を外在化して考えられるようになるとともに,自己モニタリングの意識が強まります。これによって,問題に対処していく準備が随分とできたことになります。

　それまでのクライエントは,問題に巻き込まれ,自分を失っていたといえます。それが,臨床心理士とのやりとりを通して問題のメカニズムが明らかになるに従って,問題の悪循環から一歩抜け出し,その悪循環から距離を取って,それを対象化してみることができるようになります。これは,問題に巻き込まれずに,問題を扱う態勢ができてきたことを示します。さらに,そのような態勢ができてくると,そのような悪循環のなかで動かされている自己の有り方をモニターできる準備ができてきます。それは,悪循環に巻き込まれて主体性を失っていた状態から,クライエントが自己に対する主体性を獲得していく出発点となります。

　クライエントの自己モニタリングができるようになることで,臨床心理士は,問題が生じているメカニズムに関してさらに詳しい情報が得られることになります。それは,問題のフォーミュレーションがいっそう進み,クライエントと臨床心理士は,それを共有していきます。そのプロセスのなかでクライエントには,自分は問題に主体的に関わっているとの感覚が生じてきます。そして,それは,介入に向けての動機づけが高まることにつながります。

❖ さらに深く理解するための文献

1）『実践・心理アセスメント』日本評論社，
　下山晴彦・松澤広和（編），2008

　臨床心理士が働く職場は，教育，医療・保健，福祉，司法・矯正，産業，さらに開業といった領域に広がっている。それぞれの職場で対象とする問題，必要とされるニーズ，協働する専門職は異なっている。そこで，本講義シリーズで解説してきた臨床心理アセスメントも，それを行う現場や職場の状況に合わせて修正をしていくことが必要となる。本書は，さまざまな職場で実践されているアセスメントの実際を紹介するものである。本講義シリーズの実践編といえるものである。本講義シリーズを通して臨床心理士アセスメントに関心をもった読者にとっては，格好の実践書となるだろう。

終　章

改めて臨床心理アセスメントを考える

第23回講義

復習：臨床心理アセスメント

1　はじめに

　これまで22回にわたって臨床心理アセスメントを解説してきました。第1回の講義において，臨床心理アセスメントを「事例の問題に関する情報処理のプロセス」として位置づけ，プロセスのアウトラインを示しました。アセスメントを情報処理のプロセスとして位置づけたという点で本講義シリーズでは，いわゆるエビデンスベイストな臨床心理学の方法論に基づくアセスメントの方法を解説してきたといえます。

　それは，臨床心理学をもっぱら心理力動的な心理療法と同一視する傾向の強かった日本の臨床心理学の現状からすれば，異質な議論と感じられた向きも多いかと思われます。これまでの日本の臨床心理学では，心の深層と結びつくドラマチックなイメージに代表される事例理解の人気が高かったといえます。実際のところは，そのような物語的事例理解は，セラピストの信奉している理論を事例に当てはめて満足しているだけの場合が少なからずあったといえます。そのような場合，事例の現実に沿う問題理解ではなく，セラピストの自己愛を満たすための問題理解になっている危険性が大いにあるわけです。

　しかし，日本にあっては，残念ながらそのようなロマンチックな問題理解の仕方が流行していました。そのため，本講義シリーズで紹介した概念や技法は，多くの読者には耳慣れない，あるいは馴染めないドライなものと感じられたかもしれません。そもそも問題を判断する基準，生物－心理－社会モデル，仮説検証，行動と機能の分析，問題のフォーミュレーション，ケース・フォーミュレーションといった概念は，心理力動的心理療法の文脈に位置づけること自体が不可能ともいえます。

　考えてみると"アセスメント"という語自体が，ドライな響きをもつ概念です。確かに，心の深層で起きてくるドラマを物語る"心理臨床の事例研究"からみたなら，アセスメントといった色気のない響きをもつ概念は，野暮と感じられるということもあるでしょう。ましてや，それがエビデン

スペイストや行動科学といった科学的色合いをもつものであれば，敬遠されてしまうことになるのかもしれません。逆に，無意識のドラマが投影されることを想定する投影法は，諸外国では非常に主観的であるとの理由から使用されることがなくなっているのに対して，日本ではもてはやされることになるわけです。

とはいえ，臨床心理士の資格試験でも，アセスメント，介入，地域援助，研究が臨床心理学の活動の4本柱になっています。そもそも臨床心理士の資格ということ自体，近代的な学問と活動となることを目指すものです。したがって，日本においても臨床心理士の資格化に代表されるように専門活動としての発展を目指すなら，多少なりとも科学的装いを身に付けることも必要となるでしょう。そのような発展過程において，最初に重要となるのが，アセスメントの充実です。そのような問題意識から本講義シリーズを企画し，その目指す内容を解説してきたわけです。

幸い，これまでの22回の講義で臨床心理アセスメントの基本概念をおおよそ紹介できました。これまで，事実から意味へ，行動から機能へというプロセスを，ケース・フォーミュレーションの手続きとして具体的に示してきました。そこで，今回の講義では，それらの概念を，アセスメントの一連の手続きとして整理し，改めてひとつのプロセスに統合して示すことにします。

2 アセスメントのプロセス

アセスメントは，「臨床心理学的援助を必要とする事例（個人または事態）について，その人格，状況，規定因に関する情報を系統的に収集し，分析し，その結果を総合して事例への介入方針を決定するための作業仮説を生成する過程」と定義できます。ただし，アセスメントの定義については，介入後の段階まで含める場合もあります。つまり，実際に介入が始まった段階では，介入効果を調べ，その結果に基づいて作業仮説を検討・修正していく作業が始まります。その介入効果を調べて仮説を修正し，再び介入していくという循環過程までアセスメントに含めることもあります。そのような場合には，アセスメントと介入のプロセスは，重なってくることになります。

介入過程を含まずにアセスメントを定義する前者の場合，アセスメントは，次の5つの段階を踏んで進むことになります。それは，表23-1に示し

表 23-1　アセスメントの諸段階

①**受付段階**：事例の基礎情報（状況，申し込み理由）を確認し，依頼者の申し込みを受け付ける。
②**準備段階**：受付で得られた情報をもとにアセスメントの計画案を練る。
③**情報収集段階**：面接，観察，検査の技法を用いて，必要な情報を得る。
④**情報分析段階**：情報の分析結果を総合して問題となっている事柄の意味を解釈し，作業仮説を生成する。
⑤**結果報告段階**：作業仮説を，必要に応じて依頼人，または当事者に伝える。

たように，1）受付段階，2）準備段階，3）情報収集段階，4）情報分析段階，5）結果報告段階，です。事例への介入を含める場合には，6）介入方針の決定段階，7）介入効果の評価段階，8）介入方針の修正段階，が加わることになります。

　そこで，これまで述べてきたアセスメントに関する諸概念や技法を，この段階に位置づけて整理して，改めてその役割を確認することにします。以下に，情報の収集，情報の分析，結果報告の3段階を中心に，アセスメントの作業を整理して解説します。

1 情報の収集段階

　事例として問題となる出来事は，ある1人の心の内でのみで生じるというものではありません。さまざまな人間が生活している社会的現実において生じてきます。そして，その社会的現実は，さまざまな次元が重なり合って成立する複雑な構造となっています。そのような多元的な現実において問題が生じるのですから，事例の本質を理解するためには，さまざまな観点から多様な情報を収集することが必要となります。そのような多元的な現実を理解するとともに的確な情報を収集する枠組みとして，生物－心理－社会モデルを解説しました。

　私たちは，生物次元と密接に関わる身体を基礎として，心理的次元と密接に関わる認知を通して，社会次元と密接に関わる対人関係を生きています。そのような場で何らかの問題が生じてきます。生物－心理－社会モデルの観点からは，無意識（あるいは深層心理）の優位性を強調することはできません。臨床心理学が主に対象とする心理的側面は，生物的側面や社会的側面を含む多様な現実の一部に過ぎません。心理的側面を独立させて考えるのではなく，常に他の側面との重なり合いを考慮し，その一部として心理的問題をみていくことが重要となります。

そこで、生物、心理、社会の各側面が重なるところに位置し、それらをつなぐものとして重要となるのが、"行動"です。行動を中心にみていくことで、事例の多様な現実を明らかにしていくことが可能となります。行動を軸として、事例に関連して起きている事実とは何かを確定していくことになります。その点において行動の分析が重要となります。

　なお、行動の概念については、注意しなければならないことがあります。それは、行動は心と対立するものではないということです。行動のなかに心的活動が含まれているからです。つまり、認知や感情の動きも、人間の行動になります。その点で、ここでの行動は、"活動"といいかえて理解した方がわかりやすいかもしれません。

　日本に特有な心理臨床学では、深層心理学の影響力が強いため、心の内面、無意識、イメージといった概念が中心となっています。そのため、情報収集の方法としては、面接法（主に臨床面接法）、そして投影仮説に基づく検査法（投影法）に関心が集中しがちです。しかし、生物−心理−社会モデルでは、多様な次元を測定するために多様な方法が積極的に開発されています。表23-2にアセスメントで用いられる技法を、面接法、観察法、検査法の枠組みで整理しました。生物−心理−社会モデルに基づくならば、これらの技法のいずれも同等に重視されます。

　上述したように生物−心理−社会モデルでは、行動が要となるので、面接法とともに観察法が重視されます。また、行動に関する情報を収集するための構造化された調査面接法や質問紙法の開発も進んでいます。さらに、生物的次元に関連する脳科学の発展に伴い、神経心理学検査も年々重視されるようになっています。その結果、アセスメントで活用される情報は、質的データだけでなく、量的データも含まれることになります。このように情報収集段階は、多様な技法やデータを用いて多元的な情報を収集することが求められることになります。

　そこで、情報の収集に当たっては、本来十分な準備が必要となります。情報収集段階に入る前に事例の概要を把握し、必要なアセスメント用具や環境を整えておくことになります。そのために、上述したように通常は、情報の収集段階の前に、受付段階と準備段階が必要となるわけです。

2 情報の分析段階

　どのような情報を収集するかは、どのように情報を分析するのかと密接に結びついています。形式的には、まず必要な情報を収集し、その後に得

表23-2 アセスメントの諸技法

面接法 会話を通して情報を得る	臨床面接法：心理援助のための面接。被面接者の話を中心にした非構造性が特徴で，面接者は被面接者の話を共感的に聴くことが重視される。 調査面接法：情報収集のための面接。面接者は調査目的にそった質問を系統的に行うので，構造的な面接となる。的確な情報を得ることが重視される。
観察法 行動をみることで情報を得る。	自然観察法：日常場面を観察する。状況を含めて対象の自然な状態を把握できるが，多様な要因が介在するので，焦点が絞りにくい。 実験観察法：観察の目的に合わせて観察する状況に統制や操作を加える。観察場面の条件が対象に影響し，行動が不自然になりやすい。 組織観察法：自然観察を効率的に行うために，観察の場面や時間を限定し，観察内容とその基準を明確にして観察する。
検査法 課題の遂行結果を情報とする。	知能検査：知能機能を測定し，知能指数（IQ）を算出する。代表的なものとして，ビネー式，ウェックスラー式（成人用：WAIS，児童用：WISC）がある。 人格検査：質問紙法と投影法がある。質問紙法は簡便であるが，被検者の意識の影響を受ける。投影法は無意識を含め測定できるが，検査者の熟練を要する。 　　質問紙法：MMPI，TPI，Y-G検査，CMIなど 　　投影法：ロールシャッハ・テスト，TAT，風景構成法，箱庭，文章完成法，P-Fスタディ，描画テストなど 神経心理学検査：ベントン視覚記銘検査，MRI，PETなど

られた情報を分析・総合して，何が問題なのかを明らかにしていくことになります。この情報の分析・総合過程は，第12回の講義で解説した機能分析と，それに基づく問題のフォーミュレーションと呼ばれている作業に相当します。

　しかし，実際の臨床場面では，情報収集と情報分析は明確に分かれていません。例えば，面接法では，情報を収集しながら，問題に関する仮説を生成していきます。何らかの仮説が生成されたならば，その仮説を検討するためにさらに情報を収集し，仮説を修正発展させていくという循環過程となるからです。つまり，情報分析の段階は，臨床的な仮説生成ー検証過程になっているのです。そして，ある程度の問題を説明していると思われる仮説が構成できたならば，問題のフォーミュレーションがなされたということになります。

　このように情報の収集と分析は仮説の生成と検証の過程として循環的に進行するのですが，ここで注意しなければならないのは，常に"事実から意味へ"という方向性を保つことです。第11回の講義で強調したように，

事例に関する事実を収集し，その事実から問題の成立と維持を説明する見解を仮説として構成してはじめて，事例の問題の意味が明らかになるのです。これが，エビデンスベイスト・アプローチの真骨頂です。

　もちろん，臨床心理学のさまざまな理論や知識は，事実から意味を探っていく際に参照することはいうまでもありません。ところが，ある一定の心理療法の理論を信奉している人の場合，最初から見解ありきということになってしまいます。自らが信奉する理論に基づいて事例に意味を付与してしまうのです。最初から理論の提供する意味で事例の事実を読み取ってしまうわけです。あるいは，信奉する理論の解釈に適合する事実のみを収集するということも起きてきます。これでは，「事実→意味」ではなく，「意味→事実」という，逆方向になってしまいます。

　第3回の講義で論じたように日本特有の心理臨床学では，ある特定の心理療法に依拠する人が多くなっています。そのため，事実から意味を見出していくエビデンスベイストな態度が育っていません。その結果として，アセスメントや研究の発展が止まってしまっていることはすでに述べた通りです。したがって，まずは学派の理論から離れて，事例の現実に向かう姿勢が必要となります。そのためには，「事実」と「意味」を分け，事実を事実としてみる実証的態度を養うことが何をおいても重要となります。

　このように情報の分析段階の目標は，あくまでも事例の現実から出発して，問題が成立し，維持されているメカニズムを説明する見解を形成することです。何が問題なのかという点に関しては，第5回の講義で解説したようにさまざまな判断基準があります。心理的問題に関しては，一般的には何をもって問題であると判断するのかは，一元的には決められません。ひとつの事例においても，当事者，関係者，さらには専門家も含めて，関連する人々がさまざまな観点からその問題を判断しています。そして，そのようなさまざまな判断が重なって問題が問題として提起されるわけです。

　したがって，問題は何かを理解するためには，少なくとも適応的基準，理念的基準，標準的基準，病理的基準といった多元的な基準を考慮して問題の構造を探っていく必要があります。そのような問題の構造を丹念に調べることを通して問題が成立し，維持されているメカニズムを明らかにしていくのが，第12回で解説した機能分析です。問題が問題として提起される経過において，このような多元性が関わっているからこそ，さまざまな観点から問題の構造を探り，そこから問題のメカニズムに関する仮説の検証と修正を繰り返し，仮説を洗練させていくことが重要となります。

問題の多元性という点は，特に精神障害を患っている事例の場合に注意しなくてはなりません。精神障害を患っている事例では，単純に病理的基準に従って診断分類を心理的問題と同一視してしまう危険性が強いからです。たとえ精神障害があったとしても，それが心理的問題として成立するためには，生物的要因だけでなく，さまざまな心理的要因や社会的要因が関与しています。そこで，そのような要因を無視して，病気として一義的な意味を与えてしまうとしたら，事実から意味を見出すのではなく，診断という一義的な分類体系に基づいて事実に意味を付与してしまうことになります。ここでも，「事実→意味」ではなく，「意味→事実」という，逆方向の動きが生じることになります。

　したがって，医療領域で働く臨床心理士は，アセスメントにおいては，診断分類を尊重しつつも，事実から問題の意味を探っていく姿勢を忘れないように特に留意しなければなりません。そのために役立つのが，症状をはじめとする問題行動を機能の観点から分析し，その意味を明らかにしていく機能分析です。

3 結果の報告段階

　この段階で臨床心理士は，情報の分析結果を総合し，問題の構造についての見解を事例の当事者，あるいは関係者に伝え，今後の方針を話し合います。具体的には，問題のフォーミュレーションに基づき，事例において何が問題であり，その問題はどのようにして成立し，どのように維持されているのかについての見解をわかりやすく説明します。その際，その見解は，あくまでも仮説であり，当事者あるいは関係者との話し合いを通して修正されるものであることを強調する必要があります。また，今後問題に介入するとしたら，どのような方法が考えられるのかについても，問題のメカニズムとの関連でわかりやすく説明します。

　ここで大切なのは，問題のメカニズムと介入方針についての見解を，相手にわかりやすく，しかも仮説として説明することです。というのは，臨床心理士の説明に対する事例の当事者，あるいは関係者の反応を通して，その見解はさらに修正する必要が出てくるからです。その点で相手がわかるように，しかも修正の可能性を残すために仮説として提案することが重要となります。最終的に相手が合意した時点で，アセスメントは終わり，必要に応じて介入の段階に進むことになります。ただし，先述したように広い意味でアセスメントを定義する場合には，介入の効果を評価し，介入

仮説の修正をしていく段階も含むことになります。

このように結果の報告段階では、説明と合意が重要となります。問題のメカニズムと介入方針を構成し、それを仮説として当事者、あるいは関係者に説明し、合意を得る作業が、第14回の講義で解説したケース・フォーミュレーションです。臨床心理アセスメントの最終目標は、ケース・フォーミュレーションを行うこととなります。

3 精神症状を機能の障害として理解する

医療領域において臨床心理士が扱う事例の多くは、精神症状を呈しているという点で生物学的要因が深く関与しています。近年、臨床心理士は、精神科領域だけではなく、リハビリテーション、高齢者、ターミナルケアなど多くの医療関係領域での活動を広げています。そのような事例においては、いずれも生物学的要因が主要因となって問題が形成されていると信じられています。そのため、伝統を重視する現場であればあるほど、生物学的パラダイムの専門家である医師が中心となって医学的な問題理解と治療が構成される場合が多くなっています。医学的診断体系は、（実際にはそうならない場合も多いのですが）「生物学的病因→診断→治療」という枠組みに厳格に従うことが理想となっています。したがって、多くの場合、医学（関連）領域で活動するためには、この図式に従うことが要請されます。

ところが、このような医学的図式に従うならば、上述したように事実から意味を見出していくアセスメントの過程を実行できなくなります。なぜならば、診断体系という医学的な意味体系に従って事実を解釈していく道筋しか残されていないからです。心理的問題の多元性は考慮されず、病理的基準のみが許され、それ以外の基準は無視されるか、あるいは付加的な意味しか認められなくなります。

そこで、臨床心理士が医学（関連）領域で活動しようとするならば、そのような状況にどのように対応するかが問われることになります。医学的図式に従い、医学の下請けをしなければならないのでしょうか。あるいは、医学と心理臨床学はパラダイムが異なるとして、クライエントの主観的世界を錦の御旗にしてカウンセリングの王国を築くことを試みるべきでしょうか。あるいは、心理臨床学は病の語りを聴くことが仕事であるとして、医学の近くにナラティヴのための支店を出すのがよいでしょうか。

この点に関して私は、臨床心理学は、医学に従属するのではなく、また

医学と袂を分かつのでもない第3の道を探るべきであると考えます。そこで重要となるのが，問題を単なる生物的疾病（disease）とみずに，心理的要因や社会的要因も含んで成立し，維持される"障害"（disorder）としてみる生物－心理－社会モデルです。この生物－心理－社会モデルと臨床心理アセスメントの関連性については，第9回の講義で解説しました。そこでも論じたように，今後のメンタルヘルスにおいては，生物－心理－社会モデルに従って医学，臨床心理学，社会福祉学が協働して活動を構成していくことが重要となります。

　実際，英米圏の国々では，このような臨床心理学の活動が幅広く展開しています。日本の医学領域においても，この生物－心理－社会モデルに基づく活動を展開しようとする動きが少しずつ広がっています。むしろ，最も遅れているのが，生物次元や社会次元との接点を見出しがたい"心の深層"を重視する心理臨床学です。

　では，そのような生物－心理－社会モデルに基づくアセスメントをするためには，どのように障害を理解し，実践を組み立てていったらよいでしょうか。この点については，第7回の講義で解説しました。WHOが1980年に提案した障害概念では，器質損傷（impairment），能力低下（disability），社会的不利（handicaps）の枠組みが採用されていました。この枠組みは，古いタイプの医学モデルに近いものといえます。器質損傷は，生物的要因として能力低下を引き起こします。能力低下は，活動の制限や混乱の原因となります。そのなかには，心理的混乱も含まれます。また，能力低下は，社会的不利に結びつき，社会活動を制限します。そのような心理的混乱や社会活動の制限は，能力低下をさらに促進します。そのようにして引き起こされた能力低下が，"障害"とみなされることになります。

　このように心理的側面や社会的側面も，生物的側面とともに障害の成立と維持に深く関わっているとされます。しかし，1980年の障害概念では，器質損傷が最初の前提となっており，障害はその影響を強く受けているものとして理解されがちでした。その点で上記の障害概念に基づく実践では，生物学を前提とする医学中心の考え方に陥りやすいということがありました。

　日本では，まだこのような古い障害概念に基づく医学中心モデルの医療が行われている現場が少なからずあります。そのような現場では，障害を単純に器質損傷に結びつけ，診断分類の枠組みで疾病としての意味を与えるということになります。実際に，医学的診断手続きにおいて能力低下は，

症状として理解されます。そして，その症状に基づいて診断がなされます。つまり，医学領域では，「能力低下→症状→診断」という意味付与過程が自動的になされやすいのです。それに対して医療領域の臨床心理士が，障害を単純に器質損傷に結びつけることをせずに，診断分類で疾病としての意味を与えるのとは異なる障害理解をするのは，どのようにしたらよいでしょうか。

　それは，能力低下を単に症状としてみるのではなく，生活（心理を含む）機能の障害とみて，第4章の一連の講義で詳しく解説した機能分析の観点から新たな意味を見出していくことで可能となります。いわゆる精神症状は，生活（心理を含む）機能の障害として理解することができます。医療領域で活動する臨床心理士は，医師と協働する必要があります。そこで，医師の視点に合わせる場合には，能力低下を症状としてみて診断分類の枠組みを共有する必要はあります。しかし，臨床心理学独自の見解を示す場合には，能力低下を生活機能（心理機能を含む）の障害として，機能分析の観点からアセスメントして，疾病とは異なる意味を伝えることができるのです。

　このように症状の意味を使い分けることによって，医学と協働しつつ，医学を超えて臨床心理学独自のアセスメント結果を示すことができます。精神医学は，科学になろうとして苦闘してきた歴史があるだけに，問題行動や異常心理を観察し，記述する厳密な手続きを形成しています。そのような観察手続きは，臨床心理アセスメントにおいて，事実としての行動を確認していくうえで，大いに活用できるものです。ただ，精神医学の限界は，それを診断分類のために利用する狭い枠組みしかもちあわせていないということにあります。

　そこで，臨床心理学は，観察された問題行動や異常心理を単に症状としてみるのではなく，生活機能の障害ととらえ，機能分析やケース・フォーミュレーションの手続きに組み込むかたちで利用すれば，医学のモデルを超えて臨床心理アセスメントを発展できるのです。このようにすれば，医学的診断分類を共有しつつも，それを超えて臨床心理学独自のアセスメントを展開できます。そのような臨床心理学独自の見解を示すことができれば，真の意味で医学との協働が可能となるでしょう。実際に，欧米の臨床心理学では，このようなかたちでの臨床心理学と精神医学の協働関係が定着しつつあります。

4 おわりに

　第7回の講義で指摘したように，器質損傷・能力低下・社会的不利からなる障害図式では，「器質損傷→能力低下→社会的不利」という方向性が前提となっており，器質損傷の一次性が強調され，障害が固定的なものであるとの印象を受けやすいということがあります。そこでWHOは，そのことを考慮して，人間生活の機能を「心身機能・身体構造」と「個人的・社会的活動」の2点に分けて，その枠組みで機能の障害を理解していくというモデルを新たに提案しています。

　「心身機能・身体構造」は，生物的器質損傷による障害を意味しています。それに対して「個人的・社会的活動」は，個人的活動の制限や社会的参加の制約といった障害を意味しています。新たなモデルでは，個人的活動の制限や社会的参加の制約に介入することで，障害を改善することが重視されるようになっています。

　ここでは，障害を単に器質損傷に基づく疾患としてみるのではなく，生活機能の問題としてみる傾向が強まっているといえるでしょう。したがって，機能分析に基づくアセスメントは，今後ますます求められるようになると考えられます。

索　引

◆あ行

アカウンタビリティ　22, 35, 48
悪循環　90-91, 93-94, 104-105, 108, 122, 129, 135-136, 138-141, 154-155, 202, 210, 214
　　――システム　93-94
　　――の連鎖　129, 136, 138, 155
アスペルガー症候群　69-72
アセスメント　220
　　臨床心理――　16
医学的診断　3-4, 15, 54-55, 66, 226-228
いじめ　40, 57, 62, 203-204
異常心理学　17, 21, 24, 30-31, 64
遺伝　77, 90, 92, 109, 140, 200
　　――負因　173
意味　3-4, 46, 74, 80, 98, 110, 117-127, 129, 131-132, 178, 190, 197, 200, 221, 224-228
　　――としての機能　124
インフォームドコンセント　34, 74, 112, 159
うつ状態　197
SST（ソーシャル・スキルトレーニング）　151, 156
エビデンスベイスト・アプローチ　23-24, 28, 30, 46, 48, 53, 95, 224
思い込み　62, 136, 148, 156-157, 199, 211
親訓練　151, 156
親子関係　72, 87, 92-94

◆か行

介入
　　――効果　151, 159, 162-164, 213, 220-221
　　――の標的　141, 146-147
　　――の方針　[→介入方針]
　　――方針　28, 52, 110, 112, 129, 141, 153, 161-164, 171, 174-175, 207-208, 220-221, 225-226
回避　72, 91, 109, 121, 139, 210
　　――行動　139
解離性障害　199
カウンセラー　32
カウンセリング　30-32, 36
過去の病歴　173
仮説　17, 37, 56, 64, 85, 87-89, 92, 97-98, 118-119, 123, 129, 146, 149, 161-164, 169, 171, 219-226
　　――生成－検証－修正　37
　　――の検証・修正段階　17
　　――の妥当性　93, 149, 162, 164
家族
　　――関係　88, 92, 106, 138, 205-206, 212
　　――療法　44, 95, 151
　　――原――　104, 204
環境因子　78, 80
関係者　42, 45, 52, 55-57, 62-64, 100, 147, 149, 161-162, 170, 173, 175, 180, 224-226
感情　196
観念放逸　186, 197
儀式　70, 158, 206
器質障害　69, 70-72, 74-80, 119, 195
基準
　　操作的――　54
　　多元的――　55, 101, 176, 190, 200
　　標準的――　42, 44-45, 56, 59-60, 63, 88, 120, 224
　　病理的――　42, 45, 51, 56, 60-61, 63, 70, 80, 88, 120, 200, 224-226
　　理念的――　42, 44-45, 53, 56, 58-62, 87-89, 101, 224
機能　16, 57, 80, 102, 104-105, 110, 120-129, 137, 189, 195, 197, 205-207, 219-220, 225-226, 228
　　――の全体的評価尺度　205, 207
機能分析　17, 105, 122-124, 126-133, 135-136, 138, 140-141, 146-153, 155-156, 158-161, 166, 184-185, 207-208, 223-225, 228-229
　　マクロな――　202
　　マクロの――　136, 138-141, 208, 211
　　ミクロな――　135, 195
気分　75-76, 99, 180, 186-189, 196, 198, 205-206, 210
　　――障害　77, 95, 199
基本情報　130, 171, 173-177
虐待　203-204
教育歴　203
境界性パーソナリティ障害　196
協働　27-28, 30, 42, 53, 80, 112, 152, 159-160, 164, 175, 182, 189, 191, 201, 215, 227-228
　　――関係　94, 151-152, 161, 164, 170-171, 174-177, 179-182
　　――作業　27, 55-56, 64, 141, 164, 171, 176, 213
　　――性　54-55
強迫
　　――観念　137-139, 186, 197-198
　　――行為　137-139, 158-159, 198
　　――症状　135, 137-139, 158
　　――性障害　25, 88, 109, 138-139, 141, 151, 158-159, 197-198
恐怖症　25, 186, 197-198, 203
　　社会――　165

クライエントと臨床心理士　164, 169, 214
クライエント中心療法　44, 95
系統的脱感作　151, 159
ケース・フォーミュレーション　3-4, 16-17, 110, 141, 145-146, 149, 151-166, 171, 175, 207-208, 219-220, 226, 228
結果　24-25, 27, 34-36, 64, 96, 117-121, 126-129, 147, 149-150, 155, 166, 221, 225-226, 228
結婚　98, 103, 107, 200, 204
幻覚　186, 188, 195, 206
言語的コミュニケーション　178
　　非――　70, 178
現実
　　――性　55
　　――生活　101-103, 106
　　――の多元性　18, 55, 97
　　――の複雑性　47, 51, 66
幻聴　80, 186, 195
現病歴　173
行為　126, 130, 148, 157-158, 187
　　――的-動作的　129-130, 136-137, 150-151, 155, 157-159
効果研究　17, 24-25, 48, 96, 164
後続事象　129, 155
行動　16, 26-28, 75-76, 97, 101-105, 117-129, 132, 147-150, 155-157, 209-210, 222-223
　　――観察　120
　　――パターン　122, 195, 199-200
　　――分析　125, 128-129, 132
　　――リハーサル法　156
広汎性発達障害　69-70, 156
国際生活機能分類　78
心の内面　28, 97, 102, 113, 222
個人システム　102
個性　60, 78-79
こだわり　13-14, 134, 153-159, 166
個別性と普遍性　165
コンテクスト　25, 52, 64, 73, 102, 104, 127, 131, 176, 190, 207-208, 210, 211, 213-214

◆さ行

サイコセラピスト　32
作為性　55
させられ体験　187, 199
3項随伴性　128-129, 155
自我意識　199
刺激
　　――コントロール法　156
　　――-反応-結果　124, 128-129, 131, 135-136, 140-141, 147, 149, 155
　　誘引――　122
試験恐怖　130
思考
　　――過程　180, 186, 197
　　――障害　137
　　――体験　186, 197-198
　　――伝播　199
　　――内容　186, 196, 198
　　――認知機能の障害　197
自己教示訓練法　151, 157
自己モニタリング　214
自殺企図　173, 198
自殺念慮　197-198, 206
事実　92-95, 100-101, 103, 106, 123-125, 161, 172, 175-176, 186, 203, 222, 224-226
　　――から意味へ　220, 223
　　――としての行動　124, 228
　　――としての出来事　108
思春期　41, 62, 172, 202-203
失感情症　196
実証性　30
実践者-科学者モデル　37
実践と研究　164
社会構成主義　55
社会システム　57, 102-104, 112, 126
　　――論の視点　62
社会的差別　77
社会的判断　57-58, 88

社会的不利　74-79, 120, 227, 229
社会的要因　26, 66, 71-74, 80, 91-94, 103, 108-109, 113, 201, 225, 227
自由回答式質問　175, 189
主観的判断　42, 57, 88
主訴　56, 75, 98, 130-131, 136, 140, 170-173, 179-180, 184-185, 207
出生　202
馴化　158
循環システム　91
障害　74, 78
　　1次――　71
　　――概念　74, 78-79, 81, 227
　　2次――　71-72
情報収集　101, 130, 173, 176, 179, 181, 184, 208, 221-223
情報処理過程　16
情報処理のプロセス　219
情報提供者　175-176
初回面接　4, 161, 169-172, 174-177, 179, 181-182, 207
職歴　204
事例
　　――の受付け　52
　　――の現実　18, 46-47, 51, 53, 55-56, 63, 85, 95, 97, 219, 224
神経伝達物質　89
心身機能・身体構造　78-80, 229
身体
　　――機能　79-89, 90-91, 102-105, 127, 189
　　――システム　102
　　――疾患　66, 80, 173, 205
診断分類　3-4, 54, 60-61, 65, 69-70, 131-133, 145, 184-185, 200-201, 205, 225, 227-228
信念
　　中核的――　148
　　非合理な――　149-150
心理機能の障害　131, 133, 171, 184-191, 195, 199-200, 202, 204-205, 207, 211-212

心理教育 26, 112, 151, 159-160
心理システム 102-104, 112-113, 126
心理社会的および環境的問題 205
心理社会的機能 205
心理的ストレス 80
心理的問題 41,54, 66, 71-73, 76, 98, 100-102, 107, 113, 147, 200, 208-210, 213, 224-226
心理的要因 26, 66, 71, 73-74, 77, 80, 90-91, 93, 104, 108-109, 112-113, 201, 225, 227
心理療法 30-32, 36
心理臨床学 28, 32, 34-38, 77, 97, 123, 222, 224, 226-227
スキーマ 148
――分析 148
ストレッサー 138, 200, 211-212
生育史 173
性格特性 173, 180
正確な共感 94, 174-175, 178
生活
　――機能 71-72, 78-81, 91, 105, 119-120, 127, 205, 228-229
　――史 58-59, 174, 202, 205, 207
　――的判断 44, 58-59, 88
　――の質 74
　――場面 58-59, 64, 102, 120, 131
制限的質問 175, 189
正常と異常 42, 52, 56, 58-60
　――の基準 60
精神医学 3-4, 15-16, 51, 54-55, 60-61, 64, 133, 145, 185, 190-191, 200-201, 228
　――的診断 51-54, 133, 145, 165, 195
精神運動制止 197
成人期 204
精神疾患 61, 63-65, 206
精神障害 53-54, 61, 63-66, 69-70, 73-74, 80, 113, 184-185, 195, 197, 200, 205, 225
　――分類 53
精神症状 71, 101, 131, 133, 140, 184-186, 188-191, 195, 200-201, 205, 211-212, 226, 228
精神分析 16, 46, 58, 60-61, 87-88, 92, 95
生物
　――システム 102-104, 112, 126
　――――心理―社会モデル 25-28, 66-67, 72, 74, 89, 91-94, 96-98, 102-106, 108, 110, 112-113, 130, 219, 221-222, 227
　――的脆弱性 122, 211
　――的素因 90, 92, 109
　――的要因 26, 66, 71, 73-74, 79-81, 89, 91, 104, 108-109, 201, 225, 227
制約 75-76, 78, 81, 104, 229
生理的―身体的 129-130, 136-137, 150-151, 155-156, 159, 185
摂食障害 41, 45, 57, 123
説明と合意 226
説明と同意 34
セルフ・モニタリング 151, 159
先行事象 129, 155
先行要因 129, 155
専門
　――活動 21-23, 27, 30, 32, 38, 48, 73, 113, 220
　――性 24, 28, 30-31, 55, 163
　――的な問題理解 52
　――的判断 52, 55, 60, 63
素因 69, 71, 90-91, 109, 140, 150, 207, 211
操作的 53, 55
躁状態 197

◆た行

対人関係 204
多元的な視点 55-56, 63
多重人格 187, 199
チーム 27-28, 112-113, 117, 160, 191

知覚 80, 185-186, 195-196
知的障害 66, 118-120
知能検査 35, 63, 75, 117-120, 223
注意欠陥多動性障害 128, 203
重複診断 54
抵抗 68, 87, 179-181, 197-198, 211
データ
　客観的―― 16, 174
　――収集段階 16
　――分析・統合段階 17
適応の基準 42, 56-57, 61-62, 88, 224
動機づけ 152, 159-160, 164, 180-183, 214
統合失調症 66, 77, 80, 96, 196-197, 199
当事者 42, 45, 47, 52, 55-57, 62-64, 101, 122, 160-161, 170, 173, 175, 180, 221, 224-226
頭部損傷 75-76
トークンエコノミー法 156

◆な行

日常的な問題理解 52
日常の判断 42, 52, 55
入場券 179
乳幼児期 69, 72, 87, 92, 147-148, 156-157, 203, 211
認知 26-27, 76, 102, 104, 108-111, 130, 136-137, 148-149, 155-160, 209-210, 221-222
　――機能 80, 90-91, 94, 102-103, 105, 109, 126, 198
　――再構成法 157
　――的―言語的 129-130, 136-137, 148, 150, 155-157, 159, 163
　――の誤り 91-94, 111, 122, 136-137
　――の再体制化 148
　――理論 90, 109
　否定的―― 136-137
認知行動療法 25, 27, 30, 95, 111-112, 124, 145, 147-148, 152, 157, 160, 162-163, 166

脳機能障害　69
能力低下　74-79, 227-229

◆は行

パーソナリティ　76, 199, 202-203, 205
　　──障害　200, 204-205
背景因子　78, 80
破局の解釈　91-92
暴露反応妨害法　141, 158-160
暴露法　111, 158
働き　121
発達障害　66, 69-73, 77, 156-157, 203
発達心理学　87-88, 92, 95
発達分析　147, 211
パニック障害　25, 77, 86, 88-90, 92-93, 96, 109
パニック発作　87-93, 104, 108-111, 121-122, 196, 206
バリアー　73, 80-81
バリアフリー　78-79, 81
反射　178
反証　95, 186
反応システム分析　129, 155
反応妨害法　151, 159
ひきこもり　71-72, 86, 91, 93-94, 121-122, 204
物質濫用　173
不登校　40, 44-45, 51, 67-71, 154, 203-204

◆ま行

マクロ的分析　135
ミクロ的分析　135
見立て　61, 87, 92-95
明確化　94, 104-105, 120, 126, 133, 137-138, 141, 145, 159, 161, 166, 169-173, 175-176, 178
メカニズム　15, 96-98, 104-108, 125, 128-129, 135-137, 140-141, 161, 164-166, 169, 207-208
妄想　186, 188, 190, 198-199, 204, 206
　　被害──　199
モデリング　151, 156
問題

──化　73, 108
──形成のメカニズム　159
──行動　70, 77, 118-123, 126-129, 136-137, 147-149, 153-156, 159-160, 163-166, 211-212
──としての出来事　108
──とは何か　51, 173
──の悪循環　214
──の意味　98, 105, 110, 121-125, 131, 170, 224-225
──の構造　75-76, 133, 164, 224-225
──の所在　51, 140-141, 170, 174, 176, 179, 184, 200
──の成立と維持のメカニズム　17-18, 108
──の成り立ち　4, 56, 72, 97-98, 102, 104-108, 110, 113, 133, 159, 190, 200
──の発生　138, 147, 202, 211-212
──の発展　138, 147, 169
──のフォーミュレーション　110, 136, 141, 145, 148-151, 160-165, 169, 171, 173, 175-177, 208, 219, 223, 225
──の明確化　162, 170-171, 173-174, 177
──のメカニズム　16-17, 55, 102, 104, 122, 145-146, 150, 161-163, 205, 224-226
──理解　15, 42, 47-48, 51-53, 55-56, 66-67, 71, 76, 92-95, 112, 205, 214, 219, 226
──を維持する要因　129, 155, 212

◆や行

薬物療法　13, 16, 61, 86, 112, 134, 151
要約　149, 178
抑うつ　14, 71-72, 75-76, 86, 88, 91-94, 104, 109-111, 122-123, 135-136, 187, 198, 205-206

◆ら行

来談の経緯　106, 171, 173, 180
ライフサイクル　73-74, 207
烙印　72
離人感　199
リファー　173, 175-176
理論仮説　88
理論に基づく推論　92, 95
理論モデル　17, 58-60, 62, 101, 163
臨床実験　149, 164
臨床心理学　22, 30, 32, 36
　　──的介入　15, 64, 107, 128, 133, 165, 176
　　──的観点　133
臨床心理士　32, 37
倫理　17, 25, 48, 64, 151, 159
連合弛緩　186, 197
ロールプレイ　150-151, 156
論理的判断　44-45, 58, 88

著者略歴

下山晴彦（しもやま・はるひこ）

1983年，東京大学大学院教育学研究科博士課程中退。
東京大学学生相談所助手，東京工業大学保健管理センター講師，東京大学大学院教育学研究科助教授を経て，東京大学大学院・臨床心理学コース教授。
博士（教育学），臨床心理士。
著訳書に，『臨床心理学研究の理論と実際』（東京大学出版会），『心理臨床の基礎1――心理臨床の発送と実践』（岩波書店），『講座臨床心理学全6巻』（東京大学出版会・共編），『心理療法におけることばの使い方』（誠信書房・訳），『専門職としての臨床心理士』（東京大学出版会・訳），『認知行動療法――理論から実践的活用まで』（金剛出版・編），『心理援助の専門職になるために――臨床心理士・カウンセラー・PSWを目指す人の基本テキスト』（金剛出版・監訳），『テキスト臨床心理学全5巻＋別巻』（誠信書房・編訳），『子どもと若者のための認知行動療法ワークブック――上手に考え，気分はスッキリ』（金剛出版・監訳）『子どもと若者のための認知行動療法ガイドブック――上手に考え，気分はスッキリ』（金剛出版・監訳），『子どもと若者のための認知行動療法実践セミナー』（金剛出版・共著），『認知行動療法を学ぶ』（金剛出版・編），『山上敏子の行動療法講義 with 東大・下山研究室』（金剛出版・共著），『臨床心理学ブックガイド』（金剛出版・編著），他多数。

臨床心理アセスメント入門
――臨床心理学は，どのように問題を把握するのか

初刷　2008年9月30日
五刷　2020年9月30日

著　者　下山晴彦
発行者　立石正信
発行所　株式会社　金剛出版
〒112-0005　東京都文京区水道1-5-16　電話03-3815-6661　振替00120-6-34848

印刷　平河工業社　　製本　誠製本
ISBN978-4-7724-1044-1　C3011　Printed in Japan　©2008

〈臨床心理学レクチャー〉シリーズ

大好評の臨床心理学の旗手 下山晴彦によるセレクション・シリーズ。実践的でわかりやすく，新しい臨床心理学の世界を紹介してゆきます。

臨床実践のための質的研究法入門

J・マクレオッド著／下山晴彦監修
B5判　304頁　本体3,800円＋税

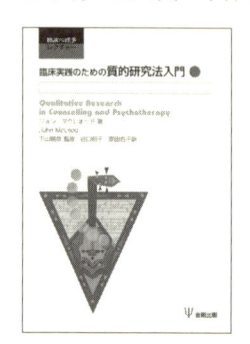

本書では，カウンセリングや心理療法における質的研究に用いられてきた方法の紹介，実際例の要約，そして問題点や論点の概観などを通し，質的研究の代名詞ともなっているグラウンデッド・セオリー・アプローチをはじめ，テキスト解釈や現象学的アプローチ，エスノグラフ，会話分析など多くの研究方法を章立てて論じ，実際に質的研究を行なう際のポイントを詳説しています。これから質的研究法を実際進めてみたいという研究者や臨床家に最適な1冊となっています。

認知行動療法入門
短期療法の観点から

B・カーウェン，S・パーマー，P・ルデル著／下山晴彦監訳
A5判　248頁　本体3,200円＋税

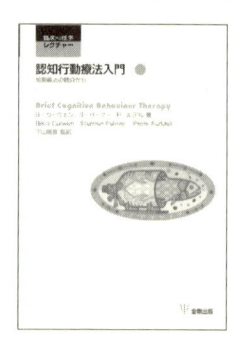

本書は，心理援助の専門活動に関わる人々のための認知行動療法の入門書であり，それを短期に応用するための実践書でもある。認知行動療法，短期療法の基本的な考え方を概説した後，ひとつのケースを丁寧に追うことで，初回から終結までの各段階において使われるさまざまな方略や技法が示され，介入の進め方がわかりやすく解説されている。また，具体的なガイドラインやワークシートなどは，臨床の場ですぐに役立つことだろう。

〈臨床心理学レクチャー〉シリーズ

心理援助の専門職になるために
臨床心理士・カウンセラー・PSWを目指す人の基本テキスト

M・コーリィ，G・コーリィ著／下山晴彦監訳
A5判　296頁　本体3,800円＋税

心理援助に関する本は数多く出版されているが，そのほとんどは援助のための技法や理論，あるいは具体的な手続きを扱っている。本書はそうした本とは一線を画し，焦点が援助職（を目指す人）自身にあり，援助専門職になるための教育訓練課程で生じる問題，他者を援助する際，援助者自身が自らの課題として取り組まねばならない人間的側面がテーマとなっている。

臨床心理士，PSWなどの心理援助職を目指す学生，初心の専門職のための，今すぐ役立つ実践テキストブック！

心理援助の専門職として働くために
臨床心理士・カウンセラー・PSWの実践テキスト

M・コーリィ，G・コーリィ著／下山晴彦監訳
A5判　238頁　本体3,400円＋税

コミュニティや組織の中でどのような働きが求められ，どういった役割を果たす必要があるのかが，アウトリーチ活動，危機介入などをキーワードに示されています。また，グループワークの意義やその活用方法，さらに，家族をシステムとして捉え，援助していくこと，その際に援助者自身の家族体験がいかに影響するか等もテーマとなっています。人生の各段階での課題について知り，自分の人生経験をいかにクライエント理解に生かすかについても，具体的に述べられています。

子どものための
認知行動療法ワークブック
上手に考え、気分はスッキリ

［著］＝ポール・スタラード
［監訳］＝松丸未来　下山晴彦

●B5判　●並製　●280頁　●本体 **2,800**円＋税

子どものための認知行動療法ワークブック。
子どもでも理解できるよう平易に解説。
概説からワークシートを使って段階的にCBTを習得できる。

若者のための
認知行動療法ワークブック
考え上手で、いい気分

［著］＝ポール・スタラード
［監訳］＝松丸未来　下山晴彦

●B5判　●並製　●272頁　●本体 **2,800**円＋税

「子どものための認知行動療法ワークブック」の若者版である。
こちらは中学生以上の思春期・青年期を読者対象とする。

強迫性障害の認知行動療法

［著］＝デイヴィッド・A・クラーク
［監訳］＝原田誠一　浅田仁子
［訳］＝勝倉りえこ　小泉葉月　小堀 修

●A5判　●並製　●392頁　●本体 **4,200**円＋税

強迫性障害の認知的基盤と研究結果を活用して
効果的な治療を示す、
アーロン・T・ベックから手ほどきを受けた
著者の画期的な研究と実践の書。

発達障害支援必携ガイドブック
問題の柔軟な理解と的確な支援のために

［編］=下山晴彦　村瀬嘉代子

●A5判　●並製　●512頁　●本体**5,800**円+税

診断とアセスメントによる発達障害の正しい理解を
家族生活・学校生活・社会生活支援へつなぐための
「支援者必携ガイドブック」決定版！

学生相談 必携GUIDEBOOK
大学と協働して学生を支援する

［編］=下山晴彦　森田慎一郎　榎本眞理子

●A5判　●並製　●300頁　●本体**3,600**円+税

多様化する大学学生相談の実践を考察する、
大学協働型学生相談モデルのドキュメントであり、
最良の学生相談サバイバル・マニュアル。

臨床心理学ブックガイド
心理職をめざす人のための93冊

［編著］=下山晴彦

●A5判　●並製　●288頁　●本体**2,800**円+税

教育訓練カリキュラムを学部・修士・卒後段階に分け、
臨床心理士として必要な知識と技能を学ぶためのテキストを
段階ごとに紹介する。

不眠症に対する認知行動療法マニュアル

［編］＝日本睡眠学会教育委員会

●A5判 ●並製 ●144頁 ●本体**2,800**円＋税

不眠症に対する認知行動療法は、
どのようにして進めていけばいいのか？
本書では、治療者用・患者用両方のマニュアルを掲載。

認知行動療法臨床ガイド

［著］＝デヴィッド・ウエストブルック　ヘレン・ケナリー　ジョアン・カーク
［監訳］＝下山晴彦

●B5判 ●並製 ●420頁 ●本体**5,200**円＋税

確かな治療効果のエビデンスに支えられた
認知行動療法の正しい型。
プロにこそ知ってほしい本物の認知行動療法の基礎知識！

山上敏子の行動療法講義
with東大・下山研究室

［著］＝山上敏子　下山晴彦

●A5判 ●並製 ●284頁 ●本体**2,800**円＋税

行動療法の大家・山上敏子が、
臨床経験から導かれた事例を援用しつつ
臨床の楽しさとともに語った、
若手臨床家のための実践本位・東大講義！